*Dix jours
qui ébranleront le monde*

DU MÊME AUTEUR

chez Grasset :

LA MACHINE ÉGALITAIRE, 1987.
LA GRANDE ILLUSION, 1989.
L'ARGENT FOU, 1990.
LA VENGEANCE DES NATIONS, 1991.
FRANÇAIS, SI VOUS OSIEZ, 1991.
LE MÉDIA-CHOC, 1993.
WWW.CAPITALISME.FR, 2000.
ÉPÎTRES À NOS NOUVEAUX MAÎTRES, 2003.
LES PROPHÈTES DU BONHEUR. *Une histoire personnelle de la pensée économique*, 2004.
CE MONDE QUI VIENT, 2004.
LE CRÉPUSCULE DES PETITS DIEUX, 2006.
UNE SORTE DE DIABLE. *Les vies de John M. Keynes*, 2007.
UNE HISTOIRE DE FRANCE, 2008.

chez d'autres éditeurs :

L'INFORMATISATION DE LA SOCIÉTÉ, *avec Simon Nora*, Le Seuil, 1978.
L'APRÈS-CRISE EST COMMENCÉ, Gallimard, 1982.
L'AVENIR EN FACE, Le Seuil, 1984.
LE SYNDROME FINLANDAIS, Le Seuil, 1986.
LE NOUVEAU MOYEN ÂGE, Gallimard, 1993.
CONTREPOINTS, *recueil d'articles*, Le Livre de Poche, 1993.
DEUX FRANCE, Plon, 1994.
LA FRANCE DE L'AN 2000, Odile Jacob, 1994.
L'IVRESSE DÉMOCRATIQUE, Gallimard, 1994.
ANTIPORTRAITS, Gallimard, 1995.
LA MONDIALISATION HEUREUSE, Plon, 1997.
LOUIS NAPOLÉON REVISITÉ, Gallimard, 1997.
AU NOM DE LA LOI, Gallimard, 1998.
SPINOZA, un roman juif, Gallimard, 1999.
LE FRACAS DU MONDE : JOURNAL DE L'ANNÉE 2001, Le Seuil, 2002.
JE PERSISTE ET JE SIGNE, CONTREPOINTS II, *recueil d'articles*, Le Livre de Poche, 2002.

Alain Minc

Dix jours
qui ébranleront le monde

BERNARD GRASSET
PARIS

ISBN 978-2-246-75381-0

Tous droits de traduction, de reproduction et d'adaptation
réservés pour tous pays.

© *Éditions Grasset & Fasquelle, 2009.*

Introduction

Qui ne se souvient des *Dix jours qui ébranlèrent le monde* de John Reed, cette saga sur la révolution bolchevique qui fit mesurer à des millions de lecteurs la puissance de l'événement ? Nous ne semblons pas à vue humaine à la merci d'un bouleversement de cette ampleur, mettant en jeu une partie importante de l'humanité, métamorphosant les équilibres internationaux, établissant un système social et économique sans précédent.

Serait-ce pour autant la fin de l'Histoire, telle que l'avait audacieusement annoncée Fukuyama ? Les événements ne cessent de démentir cette affirmation : la chute du communisme lui-même, le 11 septembre 2001 ou aujourd'hui une crise financière dont la violence apparaissait, il y a quelques mois encore, inimaginable.

Les changements sont partout et nulle part comme l'était, dans l'esprit de Michel Foucault, le pouvoir. On peut imaginer mille chocs. *Dix jours qui ébranleront le monde* en recensent dix, tous différents. Ce ne sont pas dix micro-prophéties mais dix métaphores. Derrière chaque journée se glisse un événement plausible. Qu'il survienne ou non, il illustre un enjeu clef de l'avenir, à court, moyen ou long terme. Maints autres jours peuvent certes se concevoir et donc maintes métaphores. Ces dix-là traduisent naturellement un choix : ce sont les manifestations éparses d'une *Weltanschauung*[1] et ils témoignent à ce titre d'une subjectivité que je revendique volontiers.

---

1. Vision du monde. Expression chère à la pensée allemande.

1.
*Le jour où Gazprom lancera
une OPA sur Total*

L E SECRET avait été admirablement gardé. Toutes les agences de presse ont reçu à 8 h 30, ce lundi 12 décembre 2011, donc avant l'ouverture de la Bourse de Paris, un communiqué en provenance de Moscou annonçant une offre publique d'achat de Gazprom sur Total, avec une prime de 30 % sur la moyenne des cours de bourse des six derniers mois et un paiement soit 100 % en cash, soit deux tiers en cash et un tiers en actions Gazprom.

A 9 heures, le Palais de l'Elysée diffusait un communiqué indiquant que cette opération était manifestement contraire aux intérêts nationaux et que le président de la République exprimerait donc dès ce matin son opposition auprès de MM. Medvedev et Poutine, respectivement président et Premier ministre de Russie. *Le Monde* bouleversait sa une et titrait sur six colonnes : « Raid russe sur Total ». Le Parti socialiste faisait part de son inquiétude et imputait la responsabilité de cet événement catastrophique à la politique « libérale et à courte vue » des pouvoirs publics. La CGT marquait sa vive préoccupation, mais sans doute influencée par le fait que la Russie est l'héritière de l'Union soviétique, la formulait sur un ton modéré. Les Verts s'offusquaient de voir s'affirmer sur la scène française le groupe industriel le plus anti-écologique du monde. Quant au président de Total, il indiquait, selon les codes en vigueur dans de telles circonstances, que non sollicitée, l'offre se heurterait à l'hostilité des actionnaires et des salariés, car elle était contraire aux intérêts de l'entreprise. Les médias se livraient à une surenchère sur le thème du retour de l'impérialisme « grand-russe » et les chroniqueurs se retrouvaient unanimes pour disserter sur les mérites de l'arme énergétique au regard de l'inutilité de la dissuasion nucléaire.

A Rome, la classe politique et le monde économique se réjouissaient que, paradoxalement plus précautionneux que la France supposée si colbertiste, l'Etat italien ait conservé 35 % du capital de l'ENI, de manière à mettre l'entreprise à l'abri d'une telle mésaventure. A Londres, c'était un soulagement hypocrite qui régnait au sein des états-majors de Shell et de BP, tels des paysans heureux d'avoir vu la grêle tomber sur le champ voisin. A Washington, le monde politique et les médias se félicitaient de l'existence d'une législation efficace qui avait, dans le passé, protégé Unocal des griffes chinoises et interdirait une agression de Gazprom sur le moindre pétrolier américain.

A Paris, pendant ces heures chaudes, les réunions de crise se multipliaient dans le plus grand désordre : à l'Elysée, à Matignon, dans les entreprises, au siège de Total, dans les bureaux des banquiers d'affaires, avocats, communicants, appelés à la rescousse par l'entreprise. De ce maelström n'émergeait aucune solution miracle. Une stratégie « Pac-Man », c'est-à-dire une OPA de Total sur Gazprom ? Impossible, puisque l'Etat russe possédait la majorité du capital de l'assaillant. La recherche d'un « chevalier blanc », c'est-à-dire d'une contre-offre, elle amicale ? Aucun pétrolier européen n'avait les moyens de surenchérir, sans mettre en danger son propre cours de bourse. Seul Exxon aurait eu, en théorie, la puissance requise mais la faiblesse du dollar vis-à-vis de l'euro et le risque de voir Gazprom augmenter le prix de son offre rendaient une telle opération trop coûteuse pour ses propres actionnaires. Quant à l'Aramco saoudienne, elle n'envisageait pas d'entrer dans une confrontation aussi directe avec la Russie, pour les « beaux yeux » d'une puissance moyenne comme la France. Restait l'hypothèse d'une nationalisation mais elle exigeait que l'Etat mette sur la table 200 milliards d'euros avec le risque d'alourdir une dette qui, du fait de la crise de 2008-2009, avait allègrement dépassé la barre mythique des 60 % du produit intérieur et commençait à inquiéter sérieusement les investisseurs internationaux.

Les autres interventions possibles de la puissance publique ressemblaient à des placebos : ni les spécificités de la loi sur l'approvisionnement pétrolier, ni l'existence d'une présence infinitésimale de Total dans l'univers nucléaire, ni la détention par le groupe pétrolier d'une banque de trésorerie ne permettaient de conduire davantage que des actions de retardement.

Vue avec un minimum de recul, la situation était limpide : Gazprom n'était que le bras séculier de l'Etat russe ; celui-ci était donc en première ligne et par ricochet c'était l'Etat français, bien davantage que l'entreprise, qui avait été agressé. Le marché était devenu un nouveau champ de bataille pour ces monstres froids que sont les Etats nationaux. L'appartenance à l'Union européenne n'apportait, de ce point de vue, aucune aide à Paris : l'absence de mécanismes de protection des entreprises stratégiques et la déréliction de la politique énergétique commune aboutissaient à laisser la France seule. Ce que l'OTAN aurait offert en termes militaires en cas d'attaque russe, Bruxelles ne pouvait l'apporter en matière énergétique.

Les pouvoirs publics étaient, dès lors, devant un choix cornélien : si leurs protestations n'avaient aucun effet sur les dirigeants russes, hypothèse plus que probable car ceux-ci ne se seraient pas lancés dans cette aventure pour reculer au premier cri, il ne restait que la nationalisation ou la capitulation. Il n'avait fallu que quelques jours pour que les élites et l'opinion publique prennent la mesure de cette réalité.

Une fois l'équation posée en ces termes, la réponse allait de soi. Ce serait évidemment la nationalisation. Aussi le 20 décembre 2011, le président de la République s'adressait-il au pays pour lui expliquer que comptable des « intérêts supérieurs » de la nation, il ne pouvait laisser l'approvisionnement énergétique des Français dans la main d'une puissance étrangère dont la brutalité et le cynisme s'étaient dévoilés dix jours plus tôt par le dépôt de l'OPA. Aussi avait-il demandé au gouvernement de déposer un projet de loi de nationalisation respectueux des droits des actionnaires, leur accordant donc un dédommagement supérieur à la prime offerte par Gazprom. Mais l'effort à accomplir était tel qu'il induirait un sacrifice pour chacun, en l'occurrence une augmentation de la TVA de 1 %, afin de contribuer à financer le service de 200 milliards de dette supplémentaire.

Cette historiette est moins éloignée de la réalité qu'on pourrait le croire. Gazprom n'a cessé d'annoncer son arrivée en Occident. Lorsqu'elle a fait entendre, il y a quelques années, quelques bruits de botte au Royaume-Uni à propos de Centrica, le principal distributeur de gaz du pays, le gouvernement britannique avait menacé de regarder une telle conquête avec la plus extrême sévérité et le géant russe avait courbé l'échine. Mais l'épisode est ancien. Il précédait les bras de fer successifs avec la Biélorussie et l'Ukraine puis, plus provocants, avec la Pologne et l'Estonie, toutes deux membres de l'Union européenne. Il anticipait la bataille pour le contrôle des oléoducs alimentant l'Europe occidentale, l'accord avec la Sonatrach algérienne afin de mieux prendre en étau l'Europe, la quête incessante de la moindre opportunité pour s'implanter sur les marchés du pétrole, du gaz et de l'électricité des grands pays de l'Ouest.

Gazprom serait une entreprise normale, elle mènerait la même stratégie : profiter de sa rente et de la puissance que confèrent 25 % des réserves mondiales de gaz pour acquérir des positions inexpugnables et respecter ensuite les codes du monde des affaires. Mais filiale d'un Etat oligarchique et kleptocrate, instrument de puissance de ce nouveau Pierre le Grand que veut être Poutine, gérée par des hommes de pouvoir davantage que par des managers, Gazprom suit les règles qu'elle se fixe à elle-même. Une fois maître de Total, elle utiliserait les capacités de production de l'entreprise en fonction de critères plus stratégiques qu'économiques, plus politiques que techniques.

Mais Gazprom est moins une exception qu'une anticipation. Un holding d'Etat russe n'avait pas hésité en 2006 à se glisser modestement dans le capital d'EADS, tel un voleur qui vient repérer les lieux avant un fric-frac. Tout ce qui a une allure stratégique – défense, énergie, technologies de pointe – intéresse Moscou. L'empire russe joue, pour l'instant, avec retenue vis-à-vis des Occidentaux mais croire que la brutalité et le chantage seront éternellement réservés aux anciens membres, aujourd'hui émancipés de l'Union soviétique ou aux ex-satellites du pacte de Varsovie, relève de l'enfantillage. L'envolée du prix du pétrole avait donné aux Russes des moyens d'action ; un baril fugitivement peu cher ne fait que décaler les échéances. Leur fierté impériale suscitera le désir de s'emparer de gages en Occident. Le marché boursier est un terrain de jeu moins risqué que le champ militaire. Du temps de la guerre froide, les Etats-Unis conservaient, malgré l'équilibre de la terreur, un relatif ascendant. C'est la Russie, dans la période de paix fraîche qui s'annonce, qui a la main dans l'ordre capitaliste.

Sa seule rivale, comme loup-garou, est naturellement la Chine. Celle-ci joue, pour l'instant, deux partitions. L'une vis-à-vis des pays pauvres dont elle prend sans vergogne le contrôle des matières premières ; l'autre, très « patte de velours » à l'égard de l'Occident qui la voit se glisser comme actionnaire minoritaire de Blackstone ou d'autres sociétés et s'y impliquer en élève attentif et diligent. Mais une fois passée la période d'inhibition,

Petrochina ou Bank of China se comporteront, si le gouvernement de Pékin y a convenance, comme Gazprom et s'offriront BP ou la Société Générale, sauf nationalisation du côté occidental.

La partie est, là aussi, dissymétrique. L'Etat chinois est actionnaire majoritaire de sociétés nationales dont les capitalisations boursières valent celles des premiers noms américains et leur permettent de s'en prendre à n'importe quelle cible, sans être elles-mêmes à la merci de la moindre attaque. Premier créancier de l'impécunieux Trésor américain, le gouvernement de Pékin dispose des moyens de pression nécessaires pour dissuader Washington de prendre des mesures protectionnistes à l'endroit de ses entreprises publiques. L'Europe n'est évidemment pas dans la même situation de dépendance monétaire, mais son appétit pour le marché chinois ne risque pas d'en faire un combattant très vaillant.

Faut-il ajouter l'Inde à la liste des grands prédateurs ? Non, car les grands groupes indiens qui, tel Mital, agissent comme d'authentiques fauves capitalistes, sont cotés à Londres et respectent les règles au même titre que leurs concurrents occidentaux. Issu d'un pays qui a hérité du colonisateur britannique l'armature d'un Etat démocratique, le capitalisme indien se conforme aux usages qui font, suivant la tradition occidentale, du marché et du droit l'avers et le revers de la même réalité. Ses acteurs ne sont pas les fantassins d'un impérialisme politique et économique.

C'est aussi le cas des fonds souverains du Golfe, de Singapour ou d'ailleurs. Leurs moyens d'action sont, en théorie, immenses mais ils constituent une nouvelle bourgeoisie au sens marxiste du terme : désireuse d'accumuler à long terme, avide de reconnaissance, attachée au statu quo, respectueuse de l'ordre établi. Elle voudra exercer son pouvoir dans le strict respect des règles capitalistes. Les banquiers juifs et *Wasp* de New York devront certes s'habituer à prendre le vendredi soir la navette aérienne pour Dubaï, afin de se présenter au rapport les samedi et dimanche – jours du Sabbat et du Seigneur ! – chez leurs nouveaux propriétaires. Epaulés de mercenaires internationaux de haute volée, ceux-ci seront exigeants comment peuvent l'être des actionnaires rationnels, mais jamais leur attitude n'obéira à une démarche stratégique et impériale à l'instar des Russes et des Chinois. Ils ressembleront aux grands fonds de pension, caisses de retraite des enseignants de Californie ou gestionnaires, tel Fidelity, d'une épargne publique, pour lesquels la rentabilité des actifs demeurera l'alpha et l'oméga.

Leur apparition, dans un marché trop aveuglé par la vision à courte vue des « hedge funds », est au contraire une bénédiction. Plus les acteurs de long terme seront nombreux, meilleur sera le fonctionnement du capitalisme. A nous, Occidentaux, de faire la part des choses, de ne pas céder aux mêmes fantasmes vis-à-vis des fonds de Dubaï ou d'Abu Dhabi qu'à l'égard des actionnaires russes et chinois. La succession des bourgeoisies est la respiration du capitalisme : que les nouvelles classes dirigeantes soient l'apanage des anciens colonisés est un pied de nez de l'Histoire ! Qu'elles se comportent, de temps à autre, de manière revancharde est un juste retour des choses mais notre intérêt est de les accueillir et de les traiter comme des partenaires à part entière du système et de ne leur imposer ni règles spécifiques, ni contrôles particuliers. Rien ne serait plus absurde : nous avons trop besoin d'eux !

C'est, en revanche, une tout autre attitude que nous devons développer vis-à-vis des Russes et des Chinois, sous peine de voir le drame Gazprom-Total se produire dans la réalité et préfigurer maintes autres opérations du même type. C'est, en théorie, l'Union européenne qui devrait se doter d'un arsenal juridique défensif et non chacun de ses Etats membres. Ce pourrait être une action de préférence – « golden share » – soumettant toute prise de participation supérieure à 10 % dans une entreprise stratégique à l'accord conjoint de la Commission européenne et de l'Etat concerné. La liste des secteurs visés devrait évidemment être établie a priori, afin d'empêcher tout débordement et la double clef communautaire et nationale éviterait des abus protectionnistes et des réactions trop politiciennes. Une autre voie consisterait à mettre en place une législation européenne, copiée sur le modèle américain, qui donnerait à un nouvel organisme communautaire un droit d'approbation sur les investissements stratégiques menés par des entreprises étrangères à l'Europe. De tels dispositifs ne feraient naturellement pas la différence entre les intervenants tiers, donc entre Dubaï et Moscou, le Qatar et Pékin. Aussi faudrait-il établir une doctrine d'emploi pour ceux qui seraient chargés de manier cette dissuasion d'un nouveau genre.

Or naturellement belliqueuse à l'égard d'une Russie et d'une Chine qui protesteraient de leurs bonnes intentions, une telle démarche se heurterait aujourd'hui à la pusillanimité des Européens. Comment attendre par exemple des Allemands qu'ils cautionnent à froid une telle approche, alors que leur refus de l'énergie nucléaire les met dans la dépendance de Moscou pour leur approvisionnement en gaz ? Comment escompter des Anglais qu'ils valident le transfert vers Bruxelles d'un pouvoir de coercition contraire aux lois naturelles du marché et qui ne pourrait donc, à leurs yeux, que demeurer l'apanage de leur propre gouvernement ? Comment imaginer un sursaut collectif des Européens pointant du doigt deux puissances vis-à-vis desquelles ils ne cessent de jouer des partitions égoïstes ?

L'initiative ne pourrait que suivre un durcissement du climat international assumé par les

Américains. Or dotés d'une législation protectionniste en matière de prises de contrôle, ceux-ci sont à l'abri de toute agression inconsidérée vis-à-vis de telle ou telle de leurs entreprises. Engagés de surcroît dans une partie bilatérale complexe avec les deux nouvelles puissances impériales, ils n'ont aucun intérêt à faire des moulinets pour le compte d'Européens comme toujours pusillanimes. Forts de leur supériorité technologique et de leur avance universitaire, ils croient enfin avec leur éternel optimisme chevillé au corps, que le monde entier a besoin d'eux et que les risques sont pour les autres.

Faire les yeux doux à la nouvelle bourgeoisie issue du Golfe et crier au loup vis-à-vis de la Russie et de la Chine impériales est donc une gageure. Habiles, ces deux dernières auraient beau jeu de parler de procès d'intention. Maladroites, elles pourraient réagir avec violence. La Russie modulerait par exemple en guise de rétorsion les arrivées de gaz en Occident quitte à donner, de la sorte, du crédit aux prophètes de malheur européens. Ce serait conforme à ses réactions « à l'ancienne » vis-à-vis de l'implantation de radars antimissiles en Pologne et en République tchèque. Quant à la Chine, elle refuserait l'accès de son marché aux entreprises européennes au profit de leurs concurrentes américaines, japonaises ou indiennes. Sophistiquées, les deux puissances impériales se contenteraient d'arguer de leur bonne foi et s'appuieraient sur les idéologues modèle *Wall Street Journal* qui préféreront comme toujours voir tomber des dominos industriels plutôt que d'accepter des entorses au jeu du capitalisme pur et parfait.

La guerre capitaliste est plus difficile à anticiper que la guerre traditionnelle. Quand un pays se dote de l'arme nucléaire, ses adversaires sont fondés à se sentir menacés et à se mettre en situation de le dissuader d'attaquer. Mais Gazprom ou Petrochina ne sont pas des missiles. Elles essaient de ressembler à des entreprises normales et leurs actionnaires de contrôle peuvent prétendre qu'on leur fait un procès d'intention. Ce sont, dès lors, les mesures de dissuasion qui semblent agressives, puisqu'elles sont supposées répondre à une simple hypothèse. Ne rêvons pas. Les pays occidentaux continueront à nier la réalité. Le champ de vision des démocraties ne leur permet pas d'anticiper des risques virtuels. La volonté de préserver les courants d'affaires à court terme avec les deux empires conduit à la cécité. La conscience du danger demeurera flottante.

Un accident est donc nécessaire pour nous réveiller. L'offre de Gazprom sur Total est une hypothèse plausible. C'est aussi une métaphore des mille et une opérations possibles. Dès lors que l'une d'entre elles se sera produite, les Européens réagiront. A l'agression elle-même ? Sans doute une dose élevée de colbertisme sera-t-elle requise pour envisager une réponse sous forme de nationalisation mais depuis la crise financière, le mot est désormais moins sulfureux. Rien ne dit néanmoins que si la foudre tombait sur une cible anglaise ou allemande, les gouvernements de Londres et Berlin oseraient recourir à une mesure aussi contraire à leurs anciens principes. Mais s'ils acceptaient à la rigueur qu'une pièce majeure tombe de leur échiquier, ils en tireraient les leçons pour l'avenir. Les dispositifs de défense deviendraient naturels à l'échelle européenne alors qu'ils sont aujourd'hui utopiques. Le marché n'apparaîtrait plus, après un tel traumatisme, comme un instrument de concorde. Chacun aura, ce jour-là, compris que la guerre des grandes puissances s'y est déplacée et que, comme autrefois dans la sphère militaire, les démocraties occidentales seront obligées de se montrer plus rudes que leur tempérament les y aurait naturellement poussées. Elles ne se battent en effet que contraintes et forcées. Quand le terrain de l'affrontement se transporte dans l'univers supposé pacifique du marché, leur temps de réaction est encore plus grand. Puisse le jour d'une OPA salvatrice arriver vite ! C'est notre seul instrument de lucidité. Souhaitons néanmoins, par un vieux réflexe d'égoïsme, que la foudre tombe sur une autre cible que Total !

2.
Le jour où la Chine envahira Taïwan

L E PRÉSIDENT DES Etats-Unis a cru, un quart de seconde, à une mauvaise plaisanterie. Affolé, tremblant, le secrétaire général de la Maison-Blanche venait de lui annoncer qu'un tir de missiles chinois avait frappé, il y a six minutes, les bases aériennes de Taïwan, les centres de communication, le siège de l'état-major, les principaux ministères. Au même moment une armada de navires et de barges de débarquement était en train de traverser le détroit, chargée de dizaines de milliers de militaires et une division de parachutistes sautait sur les points névralgiques du pays, en particulier les sièges des principales chaînes de télévision. Comme le 11 septembre 2001, CNN et BBC World étaient plus rapides et mieux informées que les circuits officiels.

Les services secrets n'avaient, une fois de plus, rien vu venir. Leurs satellites espions avaient certes détecté des mouvements de troupes le long de la côte, mais les analystes de la CIA, jeunes diplômés qui n'avaient jamais connu de drames, les avaient assimilés à une gesticulation classique, destinée à conforter le discours redevenu nationaliste des autorités. A force de ne pas vouloir risquer la vie de ses fonctionnaires, la centrale américaine de renseignement se contentait des données fournies par l'espionnage électronique. Elle ne disposait d'aucun Richard Sorge au sein de la Cité Interdite, susceptible d'entendre, de comprendre, d'intercepter et d'alerter. Cette nouvelle faillite des « services » donnera lieu, le moment venu, à une énième commission d'enquête dont les conclusions seront, comme chaque fois, théoriques et inopérantes. Mais si les médias avaient déjà entamé le procès en sorcellerie de la CIA, ce n'était qu'un dérivatif destiné à occulter le désarroi général.

D'immenses manifestations réunissaient pendant ce temps à Pékin, Shanghai, Canton et ailleurs, des millions de Chinois fêtant le retour de l'île au sein de la mère patrie. Minutieusement organisées par les autorités, ces démonstrations traduisaient néanmoins une sincérité et une joie que tous les observateurs se plaisaient à souligner.

Sur le plan diplomatique, le gouvernement américain avait cédé naturellement au réflexe pavlovien de saisir le Conseil de Sécurité des Nations unies, même si le fiasco était prévisible, compte tenu d'un inévitable veto chinois. Mais plus étrange, la Russie s'était abstenue au moment du vote, afin de s'installer à équidistance entre d'une part les Etats-Unis et leurs alliés occidentaux et la Chine, de l'autre, se mettant ainsi en situation de jouer un rôle d'arbitre ou de « tiers de confiance ».

Les réunions de crise se succédaient à la Maison-Blanche, plus lamentables les unes que les autres. Désemparés, les chefs militaires avaient ressorti de la mémoire de leurs ordinateurs des scenarii obsolètes et inadaptés. Les spécialistes des plus prestigieux « think tanks » se succédaient sur les plateaux de télévision pour tenir des propos fuligineux. Le lobby antichinois s'agitait sur le thème « on l'avait bien dit » et le lobby chinois promettait que la règle appliquée à Hong Kong – un pays, deux systèmes – vaudrait aussi pour Taïwan. Les financiers s'inquiétaient sur la poursuite du financement du déficit américain par l'épargne chinoise. Les taux d'intérêt à long terme avaient grimpé de 2 %, par crainte d'une pénurie de capitaux en provenance de Pékin. Le dollar demeurait stable, tiraillé entre l'effet de la hausse des taux et l'affaiblissement stratégique. Les citoyens américains d'origine chinoise se sentaient soupçonnés d'être partagés entre deux fidélités.

Tout était donc suspendu à la décision du président américain. Qu'allait-il faire ? Après quelques jours d'un incroyable maelström, les hypothèses se décantaient. Le coup de main avait réussi et les Chinois de Taïwan ne s'étaient pas révoltés en masse contre leurs cousins du continent. Quant aux opposants, tous localisés par l'agresseur, ils avaient été arrêtés et donc rendus inoffensifs. Depuis l'annexion brutale en 1991 du Koweït par l'Irak et l'incursion russe en 2008 en Géorgie, c'était la première fois qu'un pays s'emparait aussi violemment d'un territoire étranger. Territoire étranger en effet et non Etat souverain. Si, pour les Chinois, l'opération relevait de la simple reconquête d'une province perdue, les autres nations étaient, pour leur part, mal à l'aise : elles avaient toutes accepté d'expulser Taïwan des Nations unies pour y accueillir dans les années soixante-dix la Chine communiste. C'était donc un Etat dont ils avaient sciemment écorné la souveraineté qui venait d'être envahi. La Chine était une puissance autrement redoutable que l'Irak de 1991 et Taïwan un Etat moins souverain que le Koweït.

C'est dire qu'une opération de reconquête, sur le modèle de la première guerre du Golfe, était illusoire et ne pouvait être envisagée que par des néoconservateurs aveugles devant la réalité. L'armée américaine n'en avait pas, de surcroît, les moyens, même en dégarnissant les autres terrains sur lesquels elle était engagée et l'idée de recourir à la conscription, afin de renforcer ses effectifs, semblait risible. La possibilité de bâtir, comme en 1991, une immense coalition internationale était de surcroît exclue, tant les puissances moyennes occidentales, tels le Royaume-Uni, la France, l'Allemagne, avaient peu envie de se lancer dans une aventure aussi militairement aléatoire et source de représailles économiques massives de la part de Pékin. L'invasion de Taïwan n'était pas Pearl Harbor, même si la parole des Etats-Unis – fût-ce sans traité d'assistance militaire automatique – était en jeu. La reconquête militaire étant exclue, quelles autres alternatives avait le Président ?

Des représailles nucléaires ? Cela aurait été un engrenage aux conséquences imprévisibles. Nul ne connaît la doctrine nucléaire des Chinois : sont-ils des émules du général Gallois[1], donc de la dissuasion du faible au fort, avec le risque de les voir vitrifier quelques villes américaines en contrepartie d'une frappe préventive sur des sites nucléaires au fin fond du Sichuan ? Quelle serait l'attitude des Russes, face au premier affrontement nucléaire de l'histoire ? Et le motif – le retour de Taïwan à la Chine – était-il à la mesure d'un drame que quarante ans de guerre froide ont su éviter ? C'était donc une hypothèse purement formelle.

Des attaques conventionnelles ? Ce seraient des piqûres d'épingle à l'échelle de l'immense Chine : quelques dépôts d'essence détruits, des centres de transmission immobilisés, des ponts abîmés. L'Occident en sortirait ridicule.

---

1. Théoricien français de la force de dissuasion.

Des mesures de rétorsion économiques ? Naïveté : les armes sont, de ce point de vue, dans la main des Chinois. Ce sont eux qui financent le déficit américain et qui offrent aux Occidentaux le marché de leurs rêves.

L'impasse était donc totale. Il n'y avait par conséquent qu'une philosophie applicable, telle que Claude Cheysson l'avait cyniquement énoncée au moment du coup d'Etat du général Jaruzelski en décembre 2001 en Pologne : « Bien sûr, nous ne ferons rien. » Seul Henry Kissinger osait l'affirmer avec la brutalité que lui autorisaient son passé de négociateur avec Chou En-lai et sa posture de défenseur, depuis un quart de siècle, des intérêts chinois. Il rappelait que Pékin n'avait cessé de comparer Taïwan à l'Alsace-Lorraine pour la France entre 1871 et 1914 : « Y penser toujours, n'en parler jamais. »

Mais une fois le diagnostic posé, que de difficultés pour le président des Etats-Unis à gérer une telle situation politique ! Quelle humiliation pour l'hyperpuissance d'avouer que le roi – elle en l'occurrence – est nu ! Bruits de botte d'autant plus dérisoires que les jours passant, chacun avait commencé à mesurer l'impuissance américaine. Cinq porte-avions nucléaires au large des côtes chinoises, des forces aériennes en alerte maximale, l'état d'urgence décrété, la garde nationale sur le pied de guerre et à la fin rien ! Des relations diplomatiques momentanément interrompues, des visites politiques annulées, quelques contrats symboliques gelés et des organisations non gouvernementales, elles en plein combat médiatique, aidées par la mansuétude des autorités occidentales : le prix à payer par les Chinois n'était pas élevé.

Eternelle démonstration de la dissymétrie des conflits entre le monde démocratique et les puissances totalitaires. Lorsque le premier n'est pas menacé dans ses intérêts vitaux, il ne sait pas prendre de risques : l'opinion lui interdit toute posture coercitive. Le blocus de Berlin, la crise de Cuba : des intérêts vitaux étaient en jeu. Israël ne serait pas, de même, un autre Taïwan : l'Etat hébreu risquerait-il de disparaître, le poids du passé et l'enjeu stratégique obligeraient les Etats-Unis à retrouver l'élan de 1948 et de 1962. Mais la Chine recouvrant dans une semi-violence son unité, il n'y avait pas là un motif suffisant pour une conflagration mondiale.

Deux ans après l'annexion de Taïwan, le président américain entamait une riante visite d'Etat à Pékin... Chacun savait désormais que, comme l'avaient prétendu en leur temps les maoïstes, les Etats-Unis étaient un tigre de papier ! Quant à la Chine, elle s'affirmait pour la première fois de son histoire comme une puissance impériale. L'ordre du monde venait de changer.

L'hypothèse d'une annexion brutale de Taïwan ne figure plus aujourd'hui sur la liste des risques dont l'Occident s'estime menacé. La pression est moins ostensible, les tensions entre le continent et l'île moins fortes, le précédent de Hong Kong moins présent. Nous avons tellement perdu l'habitude de l'usage de la force que la perspective d'une agression à l'ancienne nous semble surréaliste. Nous prêtons aux autres nos propres inhibitions, en oubliant que nous ne partageons avec eux ni passé, ni valeurs, ni traditions. Mille arguments plaident contre une telle perspective.

Une Chine autocentrée sur son développement, obligée de croître à 8 % par an pour préserver un relatif équilibre social, prise dans un jeu de ramifications économiques et monétaires complexes avec l'Occident, devenue l'atelier industriel et le créancier des Etats-Unis. Un tel pays ne prend pas le risque de devenir belliqueux et de détériorer sa position dans le monde.

Une relation avec Taïwan en voie d'apaisement, une fois le Kuomintang, cet ennemi mythologique du Parti communiste chinois, écarté du pouvoir sur l'île et avec à la clef une symbiose économique entre les deux Chines qui rend superfétatoire un processus d'unification.

Une politique internationale encore réservée et prudente, portée ni aux coups de main, ni aux coups de tonnerre.

Un appareil de pouvoir conservateur et peu désireux de déstabiliser ses fragiles équilibres internes par des mouvements inconsidérés.

Une tradition isolationniste, fruit naturel de l'immensité du pays et de l'importance de la population, avec pour conséquence une posture aux antipodes de celle que le Japon avait prise, en son temps, pour s'échapper de son petit archipel.

Un goût du statu quo alimenté par la prospérité et l'enrichissement, à force de prébendes et de concussion, de la classe dirigeante.

Mais postuler la perpétuation de la situation actuelle est bien aléatoire. L'expansion arrive, pour l'instant, à gommer les contradictions du pays, les tensions entre le centre et la périphérie, les inégalités croissantes entre classes sociales, l'affrontement entre une oligarchie peu soucieuse de démocratie et les germes libertaires semés par le marché. A la moindre difficulté, le nationalisme refera surface. Il court pour l'instant souterrainement, affleurant par bouffées comme au moment du parcours de la flamme olympique ou des manifestations pro-tibétaines en Occident.

De quelle arme politique disposera l'appareil communiste, lorsque l'adjuvant de la croissance fera massivement défaut ? Car le ralentissement économique est certain, en dehors même des effets de la crise actuelle. L'économie chinoise est promise, même sur fond d'expansion, au « stop and go » que les vieux pays ont connu après la Deuxième Guerre mondiale. Elle sera confrontée aux deux contradictions des systèmes industriels : l'alternative inflation-chômage – *i.e.* la vieille courbe de

Phillips – et le dilemme inflation-dévaluation, avec à la clef de classiques plans de refroidissement. Les récessions ont été de tous temps le moyen pour les économies de reprendre leur souffle. La Chine n'a pas inventé un nouveau paradigme macroéconomique, même si l'ampleur des masses en jeu donne une allure vertigineuse aux plus vieilles règles.

Mais le maintien des équilibres sociaux et politiques constitue, dans de telles circonstances, la vraie inconnue. Il serait naïf d'imaginer les difficultés traditionnelles – insatisfaction des consommateurs, frustration des contribuables, accroissement du chômage avec une dose classique de grèves et de mécontentement politique – multipliées par un simple coefficient de taille. Ce ne sera pas la situation française de 1960 ou de 1982-1983, après les dévaluations du franc, projetée sur une population vingt fois plus nombreuse. Les problèmes ne sont jamais multiplicatifs mais exponentiels.

Le risque est dès lors important que le pouvoir s'empare du dérivatif le plus commode, le nationalisme, et Taïwan est, de ce point de vue, l'abcès de fixation le plus naturel. Le terreau est déjà présent : tous les observateurs de la scène chinoise sont sensibles au chauvinisme de la population. L'Internet n'est pas venu à bout du patriotisme des jeunes générations et l'accès à la société de consommation n'a pas engendré des citoyens extravertis et cosmopolites. Le vieil adage se révèle une fois de plus faux, qui veut allier la modernité à l'ouverture, la victoire du marché au pacifisme.

Autre inconnue, indépendamment du dérivatif nationaliste : la relation que, promue grande puissance, la Chine voudra entretenir avec le monde. Se contentera-t-elle de trouver sa place dans un jeu dont la coopération et la compétition constituent les règles de base ? C'est aujourd'hui son attitude vis-à-vis des Etats-Unis, de la Russie, voire du Japon, malgré la violence du traumatisme historique ; l'Europe, elle, ne relève pas de cette approche car c'est pour les Chinois une « non-personne ». De même Pékin s'abrite-t-il derrière le principe douillet de la non-ingérence dans les affaires intérieures des autres pays, pour ne pas être entraîné trop loin dans l'imbroglio soudanais, l'enjeu iranien ou les relations avec des dictatures insupportables, tel le Zimbabwe : il ne fait qu'appliquer à autrui le comportement dont il exige le respect à son propre endroit.

Mais s'agit-il d'une posture durable ou simplement d'une attitude transitoire, de la part d'un pays-continent passé trop rapidement de l'abaissement à la force ? Peut-on penser qu'un régime totalitaire, à la tête d'une puissance hors norme, puisse échapper à la fatalité impérialiste ? Même les meilleures démocraties ont éprouvé, à cet égard, des difficultés. Ainsi les Etats-Unis ont-ils su en rester à une attitude impériale – l'expansionnisme, produit involontaire de leur dynamisme –

et éviter le prurit impérialiste – l'expansionnisme, fruit délibéré d'une stratégie. Une oligarchie totalitaire serait-elle aussi vertueuse, s'exonérant de toute arrière-pensée impérialiste, voire impériale ? Ce serait aller à rebours de toutes les lois de l'histoire ! On peut imaginer l'Inde se contentant de s'installer à la table des Grands sans abuser de sa force de la même manière qu'on peut tabler sur un capitalisme indien respectant les règles du jeu. La démocratie, même tempérée par la violence, fabrique ses « checks and balances[1] ».

Il est difficile de croire à une Chine plus aimable que la Russie. Mêmes structures de pouvoir, mêmes contraintes de la géographie, même nécessité de transcender de violentes contradictions intérieures, même volonté de s'abstraire des humiliations du passé : ni l'un ni l'autre de ces empires en voie de reconstitution ne se contenteront, à l'instar de l'Europe, du « soft power[2] ». Ce sont des puissances à l'ancienne qui voudront exercer un pouvoir pur et dur et non une influence diffuse et sophistiquée. Elles le manifesteront dans l'espace du marché et des médias, ces incarnations de la modernité mais plus encore dans le contrôle des territoires, des populations, des richesses, donc dans la vieille géographie de la puissance.

---

1. Pouvoirs et contre-pouvoirs dans la philosophie anglo-saxonne.
2. « Soft power » : le pouvoir doux que Robert Kagan avait opposé au moment de la guerre d'Irak au « hard power », le pouvoir militaire.

La Chine nous réservera donc un jour un coup de tonnerre : à Taïwan ou ailleurs. De ce point de vue, aux yeux des Européens velléitaires et cyniques que nous sommes, l'annexion de Taïwan est-elle le traumatisme le pire ou, à tout prendre, le moins dramatique ?

3.
Le jour où l'Écosse déclarera son indépendance

L'ÉVÉNEMENT n'aura pas été, cette fois-ci, une surprise. Depuis que Tony Blair a fait voter une « loi de dévolution » des pouvoirs essentiellement au profit de l'Ecosse, le parti nationaliste local n'a pas cessé de s'affirmer aux dépens des travaillistes. Quant aux conservateurs ils ont toujours été rayés de la carte politique écossaise. Effet du discrédit de Gordon Brown – lui-même écossais de surcroît – à son arrivée 10 Downing Street, l'effondrement du Labour Party a fini au printemps 2008 par offrir aux nationalistes une surprenante majorité au Parlement d'Edimbourg.

A l'instar, autrefois, du parti québécois qui avait fait du scrutin sur l'indépendance du Québec le seul point tangible de son programme électoral, les nationalistes avaient affirmé haut et clair leur intention, en cas de victoire électorale, d'organiser un référendum sur l'indépendance de l'Ecosse. Nul, à Londres, ne les avait pris au sérieux : ni le gouvernement, ni la Chambre des Communes, ni les médias. Tous s'étaient habitués à voir le nationalisme écossais s'épanouir dans un enthousiasme de supporter à l'égard des équipes nationales de rugby et de football. Participer au Tournoi des Six Nations ou à l'Euro constituait la manifestation ultime de la souveraineté écossaise.

L'idée du référendum semblait aux Anglais une bizarrerie à mettre sur le compte du goût des Ecossais pour l'étrangeté, au même titre que leur accent ou que le culte des fantômes dans les vieux châteaux. Une fois la loi convoquant le référendum votée par les députés écossais, le système politique britannique s'est trouvé pris au dépourvu. Il était en effet partagé entre d'une part son respect viscéral de la démocratie et, à ce titre, l'impossibilité de refuser aux Ecossais le droit de tenir ce référendum et d'autre part l'incapacité d'imaginer l'éclatement du Royaume-Uni. Ainsi quelques agités à Edimbourg effaceraient-ils cinq siècles plus tard la victoire d'Elisabeth Ire sur Marie Stuart ? Cette schizophrénie a pesé lourd dans l'absurde attitude anglaise face à cet insolent défi. Les Communes ont autorisé, à leur corps défendant, la démarche référendaire de l'Ecosse mais la classe politique, les leaders d'opinion, les intellectuels sont entrés dans la campagne électorale avec une arrogance de vieux coloniaux.

Leur argumentation a été d'une bêtise affligeante. Perdre la citoyenneté britannique ? Un appauvrissement ! Troquer l'appartenance à un immense pays contre la nationalité d'un micro-Etat ? Une absurdité ! Renier un grand passé ? Une preuve de stupidité ! Si les élites britanniques avaient voulu garantir le succès du oui, elles ne s'y seraient pas prises autrement.

Devant l'envolée des sondages, le gouvernement avait essayé de proposer aux nationalistes écossais une renégociation de la « loi de dévolution » dans un esprit quasi fédéral, mais sentant qu'ils avaient le vent en poupe, ceux-ci avaient évidemment refusé. Tel un joueur en train de perdre qui augmente sa mise, le Premier ministre était allé encore plus loin, esquissant un avenir non plus fédéral mais confédéral. Nouveau refus ! La presse de Robert Murdoch s'était mise à traîner les Ecossais plus bas que terre et *The Sun* les caricaturait encore plus méchamment que « les grenouilles » françaises.

Face à ce déchaînement, les tenants du oui n'avaient plus besoin de faire campagne : ils engrangeaient simplement les votes. Le jeudi du référendum, la partie semblait jouée d'avance, les derniers sondages donnant 53 % au oui. Ce fut bien pire : 59 % votèrent pour l'indépendance. A la liesse dans les rues d'Edimbourg et de Glasgow répondit la stupeur à Londres.

Après avoir abandonné son empire, le Royaume-Uni se décomposait comme une vulgaire Union soviétique : quelle humiliation pour la plus ancienne démocratie du monde ! Perdre ses colonies relevait de la loi de l'histoire ; se casser en deux, non ! Il fallut boire, de surcroît, le calice jusqu'à la lie. Négocier avec ces Ecossais était pire que de signer un armistice avec des rebelles ! Le partage des biens d'Etat, les modalités de transfert des services publics, la disparition pour Londres des ressources fiscales pétrolières : autant de problèmes qui se transformaient en crève-cœur. Ainsi la Belgique avait-elle mieux résisté que le Royaume-Uni et l'Espagne avait-elle su contenir les irrédentismes catalan et basque plus efficacement que l'Angleterre le prurit écossais ! Albion n'avait pas lieu d'être fière !

Qui aurait imaginé, il y a vingt ans, que l'irrédentisme local surgirait si violemment au cœur de nos vieux Etats ? Le nationalisme était l'apanage des colonisés : rien de plus normal. L'épisode québécois s'expliquait par les excès de la domination linguistique. Encore le Québec n'est-il pas allé au bout de l'aventure. Le référendum de 1995 s'était certes joué à quelques milliers de voix près c'étaient en fait les anglophones de la province qui avaient fait pencher le fléau de la balance du côté du fédéralisme.

L'Europe avait connu l'éclatement de la Tchécoslovaquie, mais elle y avait vu l'effet d'une situation particulière : un Etat construit artificiellement après la Première Guerre mondiale ; un équilibre préservé après 1947 par la mainmise communiste ;

une aspiration libertaire qui s'était confondue après la chute du mur avec le grand mouvement démocratique ; et surtout un désir égal des deux composantes, Tchéquie et Slovaquie, de divorcer. C'était une exception et non une anticipation.

Même la question belge n'y ressemble pas. La longue marche vers l'indépendance est l'apanage d'une moitié du pays. Seuls les Flamands sont travaillés par cette pulsion ; les Wallons demeurent unitaires et plus encore les francophones de Bruxelles. La singularité de Bruxelles, gigantesque enclave de langue française au cœur de la Flandre, suffit à rendre problématique la perspective d'une « parthénogenèse » du pays. Si Prague avait été un îlot slovaque en Tchéquie, peut-être la Tchécoslovaquie existerait-elle encore. La Belgique, depuis un demi-siècle, plie mais ne se rompt toujours pas : outre la monarchie, son unité tient aujourd'hui à l'Etat-providence. Les Flamands souhaiteraient deux systèmes sociaux mais, bénéficiaires de l'actuelle mécanique de redistribution, les Wallons sont sur ce plan-là farouchement unitaires. L'issue demeure néanmoins incertaine. Plus Bruxelles deviendrait un « Washington D.C. » européen, plus le pays apparaîtrait fragile car, symboles d'une nouvelle Europe, les Bruxellois seraient de plus en plus indifférents aux problèmes de bornage linguistique.

Même si les Catalans se battent en Espagne pour une part plus grande du gâteau budgétaire, ils sont aujourd'hui moins irrédentistes que les Flamands. De même les Basques sont-ils d'autant moins virulents que la permanence de l'ETA les oblige à se dissocier du terrorisme et donc à ne pas trop écorner le contrat national. Le régime des autonomies a été, il est vrai, une trouvaille géniale au moment de la transition démocratique espagnole : il a permis, sans la rigidité du fédéralisme, de moduler le degré de décentralisation en fonction de l'histoire, des aspirations et des ressources : la Galice n'est pas le Pays basque, ni l'Estrémadure la Catalogne, ni la Navarre l'Andalousie. Mais, point commun avec la Belgique, la langue demeure la principale pierre d'achoppement entre les régionalismes les plus durs, catalan et basque, et l'Etat central.

Tel n'est pas, en revanche, le moteur de la Ligue du Nord en Italie. Peuple-nation et non Etat-nation, à l'instar de l'Allemagne, l'Italie n'est travaillée par aucun irrédentisme culturel. Ce sont l'économie et le budget qui tracent la ligne de clivage entre la poussée fédéraliste au Nord, synonyme d'un désir de moindres transferts financiers, et un Sud qui s'acharne, fût-ce de mauvais gré, à demeurer assisté. Mais la « Lega » ne prononce pas le mot sacrilège d'indépendance ; elle parle exclusivement de fédéralisme. Peut-être ce peuple-nation a-t-il mis trop longtemps à s'unir pour envisager le chemin inverse.

Seuls deux grands pays échappent pour l'instant en Europe à des pulsions indépendantistes, l'Allemagne et la France, et ce pour des raisons inverses. L'une est un peuple-nation et un Etat fédéral, l'autre un Etat-nation et un système centralisé. La première n'est travaillée par aucun séparatisme culturel et sa lourde machinerie constitutionnelle absorbe les chocs : quel plus bel exemple, de ce point de vue, que l'intégration des cinq Länder de l'Est, aussi naturelle sur le plan institutionnel que difficile en termes économiques ! La seconde demeure tellement unitaire que les revendications séparatistes relèvent du folklore, même en Corse, et que les collectivités décentralisées – régions, départements, communes – sont trop émiettées pour réclamer une véritable autonomie. Le Languedoc-Roussillon est un désert institutionnel comparé à la Catalogne ou la région Rhône-Alpes à la Bavière. Mais être, pour l'instant, à l'abri de telles pressions ne doit pas conduire à un « lâche soulagement ».

L'indépendance de l'Ecosse est soit une éventualité réelle, soit une métaphore d'un changement culturel majeur. L'Europe conduit à l'émiettement ; la globalisation au *Risorgiamento*[1] local. Plus l'Union européenne s'est élargie, plus elle apparaît comme la « maison commune » – suivant le

---

1. Mouvement politique au XIXe siècle qui militait pour l'identité italienne.

mot cher à Gorbatchev – de micro-Etats. Dans la Communauté de six membres, le passage à sept à cause d'une hypothétique division de la Belgique aurait été un drame. Dans l'Union à quinze, la division d'un des Etats membres semblait peu imaginable. Mais à vingt-sept, avec un ensemble qui met sur un pied d'égalité symbolique l'Allemagne et Malte, la France et Chypre, l'Italie et la Slovénie, la Pologne et l'Estonie, tout devient possible. Ce n'est pas un hasard si les Catalans se déclarent profondément européens, comme pour dépasser l'étage espagnol, c'est-à-dire, à leurs yeux, la domination castillane, ou si les Ecossais semblent moins anti-européens que les Anglais. Le jour où les pays balkaniques auront rejoint l'Union, le phénomène sera encore plus marqué : les petits Etats seront la norme et les grands des exceptions tiraillées par des tensions régionales. Plus l'Union européenne s'étendra, plus elle apparaîtra comme le port d'attache de territoires aujourd'hui infra-étatiques.

C'est, toutes proportions gardées, le syndrome du Saint-Empire romain germanique, structure symbolique et molle qui légitimait la souveraineté d'un millier de principautés. De ce point de vue, l'Union européenne actuelle, vaste et floue, favorise davantage la décomposition de ses membres que ne l'aurait fait l'Europe fédérale dont rêvaient les fondateurs. Adossée à l'Europe, une entité de quelques millions d'habitants – du type de la

Flandre – à l'originalité culturelle et économique affirmée, peut espérer atteindre la taille critique dans les domaines qui relèvent du contrat social : éducation, santé, redistribution, relations sociales.

Le contexte européen accentue de ce point de vue le paradoxe qui voit l'instinct local se développer au plus fort de la globalisation. C'est désormais une évidence de mettre en exergue le désir croissant d'enracinement des individus, au moment même où l'Internet, les facilités de communication, la domination d'une culture internationale homogène en font des citoyens du monde. La quête des racines est multiple. Religieuse : les intégrismes s'affirment plus fortement dans un monde écrasé par la technologie. Culturelle : la domination de l'anglais, cet espéranto victorieux, va de pair avec la résurgence de toutes les langues, y compris les plus modestes idiomes. Nationale : les identités les plus enfouies ressurgissent. Ce que les Américains appellent avec leur sens bien connu du « mot-valise » le « glocal » (global et local) n'est pas une invention de consultants pour hommes d'affaires fatigués : la réalité prendra de plus en plus cette forme-là.

Demeure une question essentielle pour nous, citoyens des vieux pays. Est-ce une révolution de voir les vieux Etats se décomposer ? Est-ce un événement ? Sommes-nous de simples victimes de notre conservatisme, si profondément marqués par l'histoire de nos nations, que nous ne pouvons accepter l'idée d'une *diminutio capitis* supplémentaire ? La vie des Anglais sera-t-elle modifiée si le Royaume-Uni s'évanouit ? De même pour les Castillans, si la Catalogne décidait finalement de s'émanciper, ou pour les Wallons, si les Flamands claquaient la porte de la Belgique ? A l'aune de sociétés civiles dominées par l'individualisme, la réponse est non. A l'échelle des rapports de force dans le monde, c'est oui. Car bizarrement, les Etats en apparence les plus friables tiennent mieux que les vieilles puissances coloniales. La Chine, l'Inde, l'Indonésie, l'Egypte sont menacées de désordres mais non de décomposition, contrairement aux pronostics d'antan. Même les pays dont les frontières ont été dessinées à coups de règle et de compas, comme en Afrique, semblent plus solides qu'on pouvait l'imaginer. L'Amérique latine a été menacée de subversions mais aucun de ses Etats de scission.

L'éclatement d'un Etat-nation est un privilège de riches ! Si nous, Européens, acceptons désormais d'être non plus des sujets mais des objets de l'Histoire, suivant la vieille terminologie hégélienne, peu importe en effet ! La monnaie et le jeu économique seront supranationaux et la sécurité sociale régionale. Si, en revanche, nous ne renonçons pas à être des sujets, nous ne pouvons nous satisfaire d'une Union européenne molle et d'une décomposition, de droit ou de fait, de nos vieux

Etats. Si l'option fédérale était encore ouverte, le contexte serait différent. Mais avec une Europe dont la complexité organisationnelle va croissant et donc la capacité d'action est, par conséquent, décroissante, nul ne peut faire une croix à la légère sur ces Etats bizarres que sont désormais les vieilles puissances européennes : leur poids est, en termes objectifs, moyen mais l'ombre portée de leur passé, les résidus de leur statut antérieur, tel le droit de veto aux Nations unies, leur influence culturelle et symbolique, leur permettent de se hisser encore « sur la pointe des pieds ».

Ils incarnent, à l'instar de l'Europe entière, le système de valeurs le plus démocratique au monde. C'était, il y a quelques décennies, aux Etats-Unis que revenait ce rôle symbolique, mais la dérive américaine, les atteintes à l'*habeas corpus*, le poids croissant de l'intolérance religieuse, la vision de la procréation, la pérennité de la peine de mort, le refus de certaines vérités scientifiques ont fait a contrario de l'Europe – le Canada, l'Australie, la Nouvelle-Zélande mis à part – la référence démocratique. Même si les petits pays européens sont, de ce point de vue, encore plus exemplaires que les grands, c'est à ces derniers qu'il revient, aux yeux du monde, d'incarner cette posture gratifiante, au moins autant qu'aux institutions communautaires. Ce serait trop dommage que perturbés par des forces centrifuges, ils ne puissent plus jouer ce rôle. L'Europe ne gagnerait rien à voir rapetisser ses principaux Etats membres. C'est pourtant un risque croissant.

4.
Le jour où Google rachètera le New York Times *pour un dollar*

Arthur Sulzberger Jr. avait perdu de sa superbe. Lui, l'héritier de la plus prestigieuse tradition de presse américaine, lui dont les ancêtres considéraient que seul le président des Etats-Unis pouvait traiter d'égal à égal avec eux, lui qui se croyait le garant de la morale, lui qui voyait dans son journal la perfection professionnelle, lui qui pensait avoir développé le site Internet du *Times* à marches forcées, lui qui était convaincu d'être le seul capable d'établir le pont entre le papier et le Web, avait prévu de placer ce 25 mars 2013 son groupe sous l'égide du « chapitre 11 », c'est-à-dire sous la protection du droit des faillites. Il venait en effet d'essuyer une ultime déception. Intervenu en soutien du *Times* au pire moment de la crise de 2008, le milliardaire mexicain Carlos Slim avait, quelques jours plus tôt, refusé d'accroître son engagement vis-à-vis du groupe.

La veille même de ce jour fatidique, le président de Google avait appelé Sulzberger et, avec une brutalité tout américaine, lui avait proposé d'acheter son paquet de contrôle du groupe pour un dollar, lui précisant qu'une fois cette opération faite, il injecterait trois milliards de dollars sous forme d'augmentation de capital. Le dilemme de Sulzberger avait été terrible... Se vendre pour un dollar était aussi humiliant que faire faillite, mais les chances de l'entreprise de préserver son identité étaient plus grandes. Si le « chapitre 11 » se passait mal, les actifs finiraient par être cédés à l'encan et le *New York Times* pourrait terminer dans des mains « impures ». Avec Google un avenir était envisageable, fût-ce au prix de sacrifices terribles.

Du côté de cette dernière, la situation n'était pas aisée. Une malencontreuse fuite avait annoncé la proposition au marché et l'action avait dévissé de 6 %. Une batterie d'analyses financières était immédiatement sortie, qui étaient toutes conditionnées par la pensée unique du moment : le papier était mort ; les grands journaux allaient disparaître ; une nouvelle presse allait émerger sur le Web, avec des produits imprévus, une démarche professionnelle nouvelle, une conception différente de l'indépendance, une autre morale. Pourquoi, dès lors, s'encombrer d'un vieux titre, de ses rotatives, de ses ouvriers, de ses journalistes prisonniers de leur passé et de leurs préjugés ? Pourquoi la puissance dominante du Web devait-elle plonger dans la vieille industrie, elle qui était le meilleur témoignage de la modernité technologique ? Les analystes financiers ne faisaient que poser, avec leurs certitudes et leur manichéisme, les questions qui avaient si longtemps fait hésiter l'état-major de Google.

Celui-ci s'était déterminé en fonction d'arguments inégalement avouables. Le plus inavouable : la volonté de mettre la main sur un outil d'influence encore puissant vis-à-vis du petit monde de Washington, au moment où la FTC[1] se penchait avec agressivité sur un éventuel « abus de position dominante » de la part de Google, dont le moteur de recherche et ses satellites captaient 75 % du marché. Le plus classique : le dessein stratégique d'une intégration vers l'aval, à travers les sites d'information du *New York Times*. Le plus légitime : l'acquisition d'une marque hors pair destinée à se substituer à Google News et donc à donner à cette activité la crédibilité que, malgré sa puissance, elle n'avait pas encore acquise. Le plus surprenant : la renonciation implicite au modèle d'agrégateur de journaux choisi jusqu'alors par Google News au profit d'une colonne vertébrale intégratrice apportée par le titre le plus célèbre de la presse mondiale, même si devait subsister le principe de la personnalisation de l'information, emblématique de la philosophie Google.

---

[1]. La Federal Frade Commission, c'est-à-dire la Commission de la concurrence américaine.

Mais lors de la conférence de presse, traditionnelle après une acquisition, l'état-major de Google avait été mal à l'aise, face à la question récurrente des centaines de journalistes présents : allaient-ils fermer l'édition papier du *New York Times* et basculer l'ensemble de son activité sur le Net ? Ou bien la maintiendraient-ils, quitte à la redimensionner, au prix d'une subvention sans doute de plus en plus lourde ?

Face à l'ambiguïté de la réponse, le sentiment des commentateurs fut unanime : le *New York Times* que nous avions tous connu était en sursis. Soit il serait transformé en un journal haut de gamme plus cher et à plus faible diffusion, une sorte de *New York Review of Books* grand public ; soit il disparaîtrait corps et biens et avec lui ses centaines de journalistes, ses correspondants, ses envoyés spéciaux, ses grandes signatures. En effet un Google News badigeonné aux couleurs du *New York Times* fonctionnerait avec des journalistes d'un type différent, une philosophie aux antipodes de la presse traditionnelle, une déontologie d'une autre nature.

L'événement eut un écho planétaire, incommensurable avec l'importance, somme toute limitée, de l'opération financière. D'un nombrilisme exacerbé, les médias ont naturellement cédé à l'emphase. « La mort de l'écrit », « La fin de Gutenberg », « La dictature de Google » : autant de manchettes qui firent le tour du monde.

Bien que peu porté à commenter une affaire privée, le gouvernement américain se sentit obligé d'exprimer sa préoccupation et de préciser qu'aucune évolution technologique ne devait porter atteinte à l'existence de médias libres, tels que le premier amendement de la Constitution en avait garanti l'indépendance. Le ton fut le même dans la plupart des capitales occidentales.

Quant aux marchés financiers, ils réagirent avec leur cynisme coutumier : pariant que Google voudrait s'offrir une plate-forme, comme le *New York Times*, dans chacune des grandes langues, ils poussèrent à la hausse les actions des groupes de presse cotés, en Allemagne, en Italie et en Espagne, qui tous végétaient depuis des années. La pauvreté des journaux français ayant toujours empêché leur mise en bourse, le même phénomène ne put évidemment se produire mais leurs actionnaires se murmurèrent néanmoins avec une belle unanimité qu'il y avait peut-être désormais un acheteur de dernier recours.

Se sentant au mieux menacés, au pire condamnés, les salariés du *New York Times* se mirent en grève illimitée : c'était évidemment une politique de Gribouille. Ils offrirent le prétexte attendu par les dirigeants désignés par le nouvel actionnaire pour manier le scalpel, découper l'entreprise et sauter l'étape d'un journal papier reformaté.

Six mois après l'annonce du rachat, le *New York Times* n'était plus qu'un gigantesque site d'informations sur le Web. Une énorme campagne de publicité, une insatiable curiosité, quelques scoops heureusement non démentis par les faits : le nombre de pages vues s'envola. Entre Google News et Google News transformé en *New York Times*, la fréquentation fut multipliée par quatre. Vexé de ne pas avoir, pour une fois, donné le tempo à l'univers des médias, Rupert Murdoch bascula le *Wall Street Journal* vers une édition exclusivement Internet. Ce fut, dès lors, partout dans le monde, la ruée vers ce modèle. Le papier était désormais mort. Chacun dès lors de se demander quand le livre connaîtrait la même évolution : l'ère de Gutenberg semblait close.

Le rachat du *New York Times* par Google est peut-être le moins improbable de ces jours qui ébranleront le monde. L'hypothèse ne fait que mettre en résonance deux tendances lourdes de l'univers des médias : l'affaissement du modèle de presse papier et l'irrésistible ascension de Google, avec à la clef un tremblement de terre intellectuel et culturel. Les journaux quotidiens sont désormais pris dans une spirale irréversible de déclin. Leur diffusion baisse partout dans le monde, même si la qualité plus ou moins grande des systèmes de distribution joue à l'occasion un rôle de ralentisseur ou d'accélérateur. Anticipant cette évolution, les annonceurs dédaignent de plus en plus le support papier, la publicité commerciale ne faisant que suivre l'effondrement, depuis quinze ans, des petites annonces classées. Vivant, à cause de l'impression, avec les caractéristiques d'une industrie lourde à coûts fixes élevés, la presse est entrée brutalement dans la spirale d'une rentabilité déclinante et, dans les pays comme la France où elle est victime de charges indues imposées par le corporatisme des ouvriers du livre, de pertes croissantes.

Les entreprises ont commencé à réagir au laminage de leurs marges par la baisse des frais généraux administratifs et commerciaux. Ceux-ci atteignent désormais un étiage minimal. Ce sont maintenant les dépenses rédactionnelles qui sont dans le collimateur : une fois éliminés ici ou là, des abus, des rentes ou des sureffectifs provocants, le produit lui-même sera en cause. Murdoch l'a annoncé avec sa brutalité coutumière : les journaux devront tailler dans les réseaux de correspondants – encore plus chers à leur échelle que les services diplomatiques pour les Etats –, dans les dépenses d'enquêtes, dans l'utilisation de chroniqueurs de haut renom, donc coûteux. La valeur ajoutée du métier sera atteinte, dixit Murdoch car, si les grands journaux deviennent de simples agences de presse de niveau supérieur, leur prix de vente élevé au regard des autres produits de consommation apparaîtra insupportable. D'aucuns veulent se voiler la face, non en niant le diagnostic mais en se faisant les chantres de quotidiens à l'ancienne, à prix encore plus élevés, avec une diffusion limitée aux élites. C'est une illusion, car l'équation industrielle induira toujours une course où la baisse de la diffusion sera plus pénalisante que la hausse de recettes liée à l'augmentation du prix de vente.

La marche vers l'Internet des quotidiens est certes une nécessité vitale mais elle ne suffit pas à répondre au problème. La rentabilité des meilleurs sites est, en effet, loin de compenser le *drain* financier subi par le produit papier. Quant à la diffusion du journal classique en pdf sur le Net, elle demeure l'apanage de « happy few[1] », moins pour des motifs de coût que pour des raisons culturelles : les drogués du Web cherchent un autre type d'information que la lecture sur leur écran des pages du *New York Times* ou du *Monde*. Les sites des grands quotidiens ont d'ailleurs d'autant plus de succès qu'ils deviennent différents du journal papier, tirant le maximum de l'effet de marque, mais inventant un produit multimédia avec un recours massif à la vidéo et dans lequel les contenus tirés du quotidien et de ses satellites représentent moins d'un quart. C'est le paradoxe qui pourrait expliquer un jour l'attrait de Google, voire de Microsoft ou de Yahoo, pour les vestales du journalisme traditionnel. Même s'ils ne sont pas lecteurs du pro-

---

[1]. « Happy few » : ces quelques heureux auxquels Stendhal avait dédié *Le Rouge et le Noir*.

duit papier, les usagers du Net sont attirés par les grands noms, comme garantie de qualité et de fiabilité. De ce point de vue, le newyorktimes.com et lemonde.fr ont même plus d'attraits que leurs maisons mères.

De là le problème que rencontre a contrario un Google News. Malgré la puissance du support Google, l'activité d'information est handicapée par le fait que, synonyme d'intelligence technique et d'inventivité commerciale, cette marque n'est pas un gage de fiabilité éditoriale. Au contraire, la mécanique de hiérarchisation des données et la structure des liens entre sites créent un halo mercantile qui va à rebours de l'image d'une information « objective » : l'utilisateur conserve un arrière-goût de scepticisme. Injecter une référence magique comme le *New York Times* pour le monde anglophone ou comme *Le Monde* pour l'univers francophone peut donner à l'instrument une puissance sans pareille, à condition de ne pas se limiter à utiliser le nom mais d'inventer un nouveau concept dont la fiabilité serait incontestable. C'est donc une alchimie bizarre qui devrait s'établir entre la machine aveugle et grossière de Google News et les principes professionnels du *New York Times*. Mais d'autres acteurs du Net seront aussi intéressés par ces grands titres, une fois qu'ils auront été délivrés du papier. Pour un Microsoft qui ne pourra éviter de s'implanter sur le marché des contenus comme en témoigne son OPA sur Yahoo, la possession du *Washington Post*, du *Los Angeles Times* ou du *Times* de Londres serait une entrée en fanfare. Sans doute l'opération serait-elle plus protectrice de ces grands noms du journalisme qu'une acquisition par Google car, partant de plus loin, Microsoft ne serait pas prisonnier des contraintes propres à un Google News.

Nous avons vécu depuis une génération dans une société d'information encore dominée par les grandes chaînes généralistes de la télévision et les principaux journaux écrits. C'est ce modèle qui est en train d'exploser. Le Web n'a été, dans un premier temps, qu'un canal adjacent, avec des sites annexes issus de ces grands acteurs audiovisuels et écrits : il complétait l'espace médiatique, il ne le modelait pas encore. Cette étape préhistorique s'achève. Les médias traditionnels – audiovisuels et écrits – s'affaissent même s'ils peuvent renaître à travers un nouveau modèle dont le Web va constituer l'épine dorsale.

Première à avoir été atteinte, la musique va paradoxalement être la moins bouleversée : son mode de diffusion change, mais l'œuvre demeure et l'écoute n'est pas métamorphosée. De même, le moment venu, pour le cinéma : un écran remplace l'autre, un mode d'accès plus rapide s'impose, les mécanismes de rémunération évoluent mais le produit se perpétue.

Avec l'« e-book », c'est-à-dire le livre numérisé, la mutation sera plus profonde. Les œuvres ne se transformeront pas ; la rémunération des auteurs sera changée mais surtout le mode de lecture se modifiera. C'est la relation singulière du lecteur au livre qui sera transformée. Celui-ci sera inséré dans un système d'annexes, d'appendices, d'analyses qui bouleversera le tête-à-tête avec l'ouvrage. La manière de feuilleter, d'aller au plus court, de mélanger les angles de lecture sera affectée par la disparition du contact physique avec l'ouvrage. L'amour des livres s'effacera devant la passion des œuvres. Changement marginal ou mutation décisive ? Nul ne peut le dire mais sous cet angle-là, le cycle Gutenberg se termine. Le charme des bibliothèques, l'obsession des bibliophiles, l'attrait physique des livres appartiendront au monde d'hier. Lira-t-on Proust sur un e-book à partir d'un fichier comme dans un tome de la Pléiade ? C'est peu probable. Sans doute ira-t-on vers une approche plus cursive, plus primesautière de l'acte littéraire avec, en revanche, une part plus grande faite aux informations sur son environnement et son époque. Reçue à travers un prisme différent, l'essence de l'œuvre demeurera-t-elle intangible ? Nul ne le sait.

La révolution sera, elle, totale pour l'information. Le temps des coupures fait/commentaire, écrit/audiovisuel, dépêche anonyme/opinion signée, pages chaudes/pages froides, direct/différé est derrière nous. Ce sont de nouveaux journalistes qui seront à l'œuvre avec un savoir-faire allant de l'écrit à l'image, sans spécialisation, ni priorité. Ils dépendront d'une hiérarchie chargée moins de relire les papiers comme autrefois que de faire preuve de retenue et de bon sens et de résister au flot de faux scoops et de rumeurs gratuites. Il demeurera certes quelques spécialistes de la réflexion et du concept, cantonnés dans des blogs plus ou moins bien mis en scène mais qui devront tous se soumettre à l'obligation de l'interactivité devenue l'alpha et l'oméga. Celle-ci sera en effet la religion de ce nouveau média, comme le culte des faits l'était dans la grande presse anglo-saxonne d'autrefois. L'internaute sera loin de pratiquer la « prière du matin » de Hegel, cette lecture liturgique de la presse. L'interactivité et le dialogue entre l'internaute et l'émetteur d'informations et d'opinions aboliront toute forme de hiérarchie. Tous les faits se vaudront ; toutes les opinions seront équivalentes ; tous les savoirs se neutraliseront. Les optimistes y verront la forme parfaite de l'hyperdémocratie, les pessimistes le paroxysme du populisme. Ce sera un débat théorique car nul retour en arrière ne sera possible. Les élites médiatiques et intellectuelles n'auront d'autre choix que de s'y adapter : ceux qui se draperont dans la nostalgie et le mépris seront balayés des écrans ; ceux qui se plieront hypocritement aux nouveaux rites survivront. Mais surtout des figures inconnues apparaîtront, habiles professionnels de cette nouvelle religion : ce ne seront pas des prophètes *ex cathedra* à l'image des intellectuels et des éditorialistes classiques, mais des dialecticiens malins capables de rebondir sur les réactions de la communauté internaute et de la modeler autant qu'elle les travaillera au corps.

A l'économie-monde chère à Braudel avait succédé un média-monde au fonctionnement voisin. Celui-ci va désormais entrer en révolution et plonger dans l'inconnu. Peu portés sur l'analyse théorique comme de bons businessmen américains, les dirigeants de Google ignoreront, s'ils acquièrent effectivement un jour le *New York Times*, qu'ils auront initié un bouleversement dont le cheminement et le point d'arrivée nous sont inconnus.

5.
Le jour où l'euro vaudra 2,5 dollars

Les spécialistes avaient vu certains signaux d'alerte passer au rouge : des positions à la baisse du dollar qui se gonflaient ; des soubresauts quotidiens plus violents ; des indices de volatilité croissants ; des déclarations fébriles d'experts chinois et japonais. Mais la glissade du dollar entre 1,5 et 1,8 face à l'euro, ne s'était pas faite sur un rythme très différent du passage de 1 à 1,5 dollar. Chacun avait tenu son jeu de rôle : le Secrétaire au Trésor américain avait réaffirmé, sans rire, l'attachement des Etats-Unis à un dollar fort ; les Européens s'étaient inquiétés, les Français avec virulence, les Allemands avec mesure, du prix à payer par leurs exportations ; Jean-Claude Trichet avait rappelé qu'il était le seul « Monsieur Euro » ; les Koweïtiens avaient subrepticement réduit la part du dollar dans leurs avoirs et chacun avait espéré que, si désagréable soit-il, le processus resterait sous contrôle.

Le drame s'est déroulé en deux étapes. Premier stade : l'événement que la logique prévoyait mais qui ne s'était jamais produit a eu lieu. Le dollar a perdu 20 % de sa valeur en une journée, tombant à 2,1 contre l'euro. C'était une dégringolade que seules les devises exotiques avaient connue aussi brutale ; même attaquée par George Soros, la livre sterling avait évité en 1992 une telle humiliation. Le dollar s'est brutalement effondré, comme les bourses en 1987, mais il n'a pas été possible de faire fonctionner les mêmes coupe-feux que sur les marchés des actions, tant les transactions de change sont multiples et insaisissables. Comme toujours, le point de départ était inconnu. Une position massive dénouée trop brutalement, quelques fausses manœuvres, une panique généralisée : le mal était fait.

Les banques centrales se sont révélées, comme on pouvait l'imaginer, impuissantes. Alors que depuis vingt ans elles avaient maîtrisé les secousses boursières avec brio et qu'elles avaient su, en 2008, de conserve avec les Etats, éviter l'effondrement du système bancaire, elles étaient, cette fois-ci, démunies. Elles n'avaient pas de robinet à leur disposition comme l'injection massive de liquidités et la baisse des taux au moment de l'effondrement des cours en 1987, 1997, 2001, ou comme l'ouverture de refinancements illimités aux banques de dépôt et d'investissement, au moment de la crise financière de 2007 et 2008. Que pouvaient-elles faire ? Acheter des dollars ? C'était une goutte d'eau à l'échelle du marché, sauf à créer une masse de monnaie telle que les conséquences, en termes de désordre inflationniste, auraient été pires à long terme. Jouer sur les mots ? Ni la Federal Reserve, ni la Banque européenne ne s'en sont privées, mais les marchés ont été lucides : plus les deux banques centrales haussaient le ton, plus les opérateurs y voyaient la preuve que le « roi était nu » et redoublaient de prises de position à la baisse de la monnaie américaine. Face à une telle crise de changes, ni Ben Bernanke, ni Jean-Claude Trichet ne semblaient être, comme à l'accoutumée, des démiurges. Les jours suivant le premier spasme, les marchés des changes semblaient endoloris et à la merci de la moindre rechute. Les opérateurs étaient convaincus qu'un mauvais chiffre américain – chômage, inflation, commerce extérieur – pouvait relancer la spirale de baisse.

C'est alors que l'invraisemblable se produisit : une déclaration que chacun savait théoriquement possible mais qu'on pensait politiquement inenvisageable. La Banque de Chine annonça que, compte tenu des pertes encourues sur son portefeuille de bons du Trésor américains, elle avait décidé de ne plus en augmenter l'encours jusqu'à nouvel ordre. C'était annoncer en termes diplomatiques que la Chine ne financerait plus le déficit américain. Fidélité de féaux à l'égard de leur suzerain oblige : les Japonais, l'Arabie Saoudite et les Emirats se gardèrent bien d'emboîter officiellement le pas aux Chinois, mais il ne fallait pas être grand clerc pour deviner qu'ils allaient accroître la part de leurs réserves de change en euros aux dépens du dollar.

L'effet de la déclaration de Pékin fut évidemment désastreux. La monnaie américaine tomba comme une pierre, atteignant le seuil invraisemblable de 2,5 dollars, ce qui représentait aux yeux des économistes un écart de 100 % sur la parité théorique des pouvoirs d'achat, telle que la mesuraient les modèles économétriques ou le célèbre indice « Big Mac » de *The Economist*.

Le phénomène avait, au-delà même de l'effondrement accéléré de la monnaie américaine, une signification aussi importante que l'abandon en 1971 de l'étalon de change or : il annonçait la fin du quasi-monopole du dollar comme monnaie de réserve internationale, avec à la clef la disparition du privilège léonin qui, permettant aux Etats-Unis de financer leurs déficits dans leur propre devise, les avait dispensés depuis un demi-siècle des règles de rigueur imposées à tous les autres.

C'était poser au gouvernement de Washington un problème insoluble : reconnaître cette situation supposait d'informer le pays sur les sacrifices à venir et donc sur la fin de l'économie d'endettement dans laquelle se prélassait depuis si longtemps le consommateur américain. Le consensus national était d'une certaine manière en risque.

Aussi les Etats-Unis ne se lancèrent-ils évidemment pas dans cette voie-là et choisirent-ils une action à plus courte vue : convaincre les autorités de Pékin de revenir sur leur décision et de déclarer *urbi et orbi* leur confiance dans le dollar. D'une rare finesse, le refus chinois d'acheter davantage de bons du Trésor américains avait une immense valeur politique. La Chine décida donc de faire payer le prix fort aux Américains : l'acceptation tacite de la tutelle de Pékin sur l'Asie ; un traitement aussi privilégié dans le domaine nucléaire que celui offert aux Indiens ; un éloignement plus marqué vis-à-vis de Taïwan ; une moindre pression en matière de droits de l'homme ; l'engagement de ne soutenir aucun irrédentisme local, en particulier la cause tibétaine et, *last but not least*, l'atténuation des dispositifs antichinois en matière de protection du capital des entreprises américaines.

C'était demander au gouvernement de Washington d'aller à Canossa : celui-ci ne se fit pas prier et sacrifia avec zèle aux exigences de Pékin. Le ministère des Finances chinois publia alors la déclaration tant attendue, se réjouissant de la place du dollar dans les réserves de changes chinoises et s'engageant à la conserver, ce qui, compte tenu de l'accroissement annuel de l'excédent de la balance des paiements, dégageait une marge suffisante pour préserver le flux d'achat de titres américains. L'effet sur les marchés avait certes été anticipé, compte tenu du caractère quasi public de la négociation sino-américaine, mais l'annonce provoqua naturellement un nouveau sursaut du dollar. Celui-ci revint à une parité de 1,9 contre l'euro. Le soulagement à travers le monde fut tel que l'on en oubliait le niveau objectivement absurde de ce cours, puisque correspondant à une surévaluation résiduelle de l'euro de près de 50 %.

Comme le ratio euro-dollar ne pouvait que se stabiliser après un tel séisme, c'était à l'Europe de payer par une ponction sur sa croissance le niveau encore absurdement élevé de sa propre devise. Ayant perdu, sur le plan économique, son statut de monnaie de réserve, le dollar l'avait retrouvé en partie grâce à une manœuvre politique. A ce jeu-là, l'Europe était désarmée : l'affaire passait en effet des mains de Jean-Claude Trichet à celles du club des chefs de gouvernement qui, face aux Américains, étaient aussi démunis que par le passé. Si les Etats-Unis n'étaient plus l'hyperpuissance que d'aucuns avaient hâtivement imaginée, l'Europe demeurait, elle, au moins vis-à-vis de Washington, une « hypo-puissance ».

Sommes-nous dans l'économie-fiction ? Le croire, c'est faire fi d'une situation de fait : la persistance depuis les années quatre-vingt du déficit commercial américain avec, face à lui, l'explosion des excédents commerciaux des nouvelles puissances, Chine et Inde en tête. Dans une telle situation, tout autre pays aurait vu s'effondrer sa monnaie et aurait été contraint à un plan de rigueur tel que le FMI savait, à la belle époque, les imposer. Or pendant ces années, l'économie américaine a connu une croissance mirifique. Il était de bon ton de l'imputer à la révolution technologique, plus rapide sur le continent américain qu'en Europe, à la flexibilité du marché et en particulier du marché du travail, à l'esprit entrepreneurial du système. Rien de plus vrai mais une partie importante du surcroît d'expansion tenait à un facteur plus idéologiquement inavouable : la rente exorbitante du dollar, c'est-à-dire la capacité des Etats-Unis à s'endetter au-delà de ce que leur situation objective aurait dû leur permettre. C'est une explication trop souvent tue de la différence de croissance entre les Etats-Unis et l'Europe. En 1980, seulement 13 % de la dette publique américaine[1] était détenue par des étrangers ; le chiffre est aujourd'hui de 45 %, dont 600 milliards de dollars par les Japonais, 500 par les Chinois, 150 par les pays du Golfe et, surprise, 140 par le Brésil.

Jusqu'à présent, les créanciers des Etats-Unis ne se sont détournés du dollar qu'avec d'infinies

---

[1]. Plus exactement de la dette détenue par des mains privées, c'est-à-dire hors Réserve fédérale et organismes publics.

précautions. Et encore sont-ce des détenteurs d'avoirs minimes tels que l'Italie, la Russie, la Suède. L'Arabie et les pays du Golfe se sont contentés d'esquisser de prudents signaux. Les vrais possesseurs – Japon, Chine – sont pris dans un dilemme : accepter sans barguigner la dévalorisation de leurs actifs ou prendre une position qui protégera leur épargne future, en dégradant davantage encore leurs avoirs actuels. L'un et l'autre mesurent de surcroît la signification politique d'un tel geste. Aussi longtemps que, *nolens volens*, le Japon demeurera sous l'ombrelle de protection américaine, il préférera encaisser ses pertes plutôt que d'ouvrir une crise majeure avec Washington. Du côté de Pékin, c'est une fois de plus l'énigme. Notre scénario, le chantage politique, est plausible mais aussi l'indifférence, la négociation bilatérale ou le statu quo.

Même sans coup de tonnerre politique, une crise du dollar est probable. La dépréciation de la monnaie américaine autour de la parité de 1,5 à 1,6 pour un euro, assortie du ralentissement de la croissance, permettrait certes un relatif rééquilibrage de la balance commerciale mais celui-ci demeurerait très en deçà du retour à un excédent et surtout du niveau nécessaire pour payer les intérêts de la dette vis-à-vis du monde extérieur, donc pour la stabiliser et a fortiori la faire régresser. Avec pour perspective une hausse indéfinie de l'endettement américain, un spasme sur le marché des changes est probable. Il n'existe pas plus de chances de l'éviter qu'il n'y en avait pour les autres compartiments de la sphère financière d'échapper au drame des années 2008-2009. Certes seules les petites devises ont connu jusqu'à présent des accidents brutaux : la livre sterling en 1992, plus tard les devises asiatiques (sauf le yen), le rouble en 1998. Même aux pires moments des années quatre-vingt, le franc avait été protégé de tels soubresauts par l'amortisseur du système monétaire européen.

De là la conviction que les devises lourdes – dollar, euro, yen – sont à l'abri de chocs spasmodiques. La profondeur du marché, l'ampleur des masses en jeu, le fonctionnement des dérivés : autant d'arguments qui plaident pour des glissements lents et mesurés. C'est un pari pascalien. Il ressemble à celui que faisaient les experts sur la capacité des ménages américains de s'endetter sans limite grâce à une base d'actifs en croissance perpétuelle. Les banquiers centraux sont obligés de raisonner ainsi et de faire semblant d'être convaincus qu'avec pour toile de fond des évolutions maîtrisées, leur ministère de la parole peut avoir assez de poids pour fixer des bornes aux mouvements des devises comme les accords du Louvre y parvinrent il y a plus de vingt ans. Ce n'est pas l'arrogance qui les gouverne mais au contraire une lucidité modeste : ils savent qu'en cas de choc, leurs interventions concertées sur le dollar et l'euro n'auraient de valeur que symbolique. Ce serait essayer d'arrêter les vagues avec les mains.

Une crise brutale du dollar serait, de surcroît, d'une autre nature qu'un accident boursier, voire la débâcle des subprimes. Elle ferait bouger tous les paramètres économiques : les autres devises naturellement, mais aussi le prix du pétrole qui s'envolerait afin de compenser sa dépréciation en dollars, les marchés d'actions pris en otages par les mouvements erratiques des investisseurs, les taux à long terme poussés à la hausse par la conviction que les autorités monétaires américaines seraient conduites à un relèvement brutal des taux à court terme et par la diffusion d'une inflation importée aux Etats-Unis. Ainsi s'établirait un jeu de raquettes entre les divers marchés financiers, avec pour seule conséquence que le désordre de l'un alimenterait le désarroi de l'autre. Dans un univers qui a vu réapparaître les tentations protectionnistes, les perturbations induites par la déconfiture du dollar ne pourraient qu'alimenter les réflexes de fermeture, le recours aux subventions et le fantasme des contrôles douaniers.

La finance internationale croit avoir connu avec la crise bancaire le pire depuis 1930. Illusion ! Grâce à l'intervention musclée des Etats et des banques centrales, le prix à payer par l'économie mondiale sera de l'ordre de quelques % de croissance étalés sur 2008, 2009 et probablement 2010. C'est un coût modéré pour un drame qui, mal géré, aurait pu conduire à la thrombose du système bancaire et donc à un effondrement de l'économie entière. De même l'expérience nous a-t-elle enseigné que les crises boursières classiques n'ont, elles, aucun effet sur l'économie réelle, tant les masses de monnaie injectées afin de les contenir sont un adjuvant à la croissance.

De toutes les hypothèses de krach envisageables, la crise brutale du dollar est la seule que nous n'avons pas encore connue. Réjouissons-nous du sursis qui nous a été donné car ce sera la plus violente, la plus globale, la moins maîtrisable. Elle ne sera pas, qui plus est, exclusivement économique. C'est l'imperium américain qui nous a jusqu'à présent protégés, offrant pendant des décennies un privilège indu au dollar. Aussi sera-ce par conséquent l'influence des Etats-Unis qui sera compromise, lorsqu'ils seront impuissants devant la décrépitude de leur devise. Ils ont pu jusqu'à présent échapper à la loi d'airain qui veut qu'un grand pays ne puisse pas exister sans grande monnaie, de même que le Royaume-Uni avait réussi à tricher avec cette règle jusqu'à la dévaluation officielle de la livre en 1964. Si la crise du dollar survient, ils ne pourront plus biaiser avec la réalité. La toute-puissance militaire suffira d'autant moins à fonder leur magistère qu'elle-même sera atteinte : le coût d'entretien des bases à l'étranger deviendra prohibitif, dès lors qu'il devra être réglé en monnaie de singe et l'obligation de renforcer le filet de protection sociale en période de restriction budgétaire ne pourra que peser sur les dépenses militaires. Un gouvernement financièrement aux abois et en quête de créanciers étrangers ne peut guère donner d'instructions au monde entier.

Ce que le communisme n'est pas parvenu à imposer – la *diminutio capitis* des Etats-Unis –, l'effondrement du roi-dollar y parviendra. C'est la preuve qu'en économie bien davantage qu'en politique, il existe, même si elle est lente, une justice immanente : l'inconscience, le laxisme, l'optimisme irréfléchi, le refus de la rigueur, le rejet des règles communes finissent par se payer. Seule injustice : le prix sera débité au monde entier, autant qu'aux Etats-Unis, et ce dans des proportions qui leur seront encore trop favorables.

6.
Le jour où Israël attaquera les installations nucléaires iraniennes

C E JOUR-LÀ peut être demain. Les termes de l'équation sont connus de longue date : l'hypocrisie de l'Iran dans ses discussions avec l'Occident et sa marche forcée vers la maîtrise du nucléaire ; les hésitations américaines ; le syndrome d'isolement des Israéliens.

Le président Ahmadinejad avait donc annoncé que l'Iran était désormais une puissance nucléaire. Les observateurs internationaux semblaient dubitatifs, se demandant si le chef de l'Etat iranien n'avait pas anticipé sur la réalité afin de provoquer une crise internationale et de susciter de la sorte dans son pays une bouffée de nationalisme dont il espérait tirer profit pour conforter son pouvoir, jusqu'alors compromis par une politique économique laxiste et démagogique. Quant aux services secrets occidentaux, et en particulier la CIA, rendus modestes par leurs échecs passés, ils se gardaient d'émettre une opinion tranchée. Les présidents américain et français, le Premier ministre britannique trouvaient sur leurs bureaux des rapports ambigus et donc inutilisables. L'annonce d'Ahmadinejad suffisait à justifier une action diplomatique de grande ampleur, mais le flou de la situation rendait très difficile, du côté américain, le choix de l'option militaire. Les éditoriaux de la presse internationale rappelaient cruellement le leurre qu'avaient constitué en Irak les armes de destruction massive et l'engrenage calamiteux qui en avait résulté. Les Chinois et les Russes mettaient en avant leur scepticisme, afin de traîner les pieds aux Nations unies et de limiter le renforcement des sanctions vis-à-vis du régime de Téhéran. Les spécialistes de l'Iran dans tous les « think tanks » prônaient la prudence, arguant des luttes de tendances au sein du régime iranien et du risque de voir une action intempestive occidentale « donner le manche » aux nationalistes les plus fanatiques.

A Jérusalem le débat avait une intensité particulière et se passait moins dans les bureaux de Tsahal et du Mossad que, comme toujours dans cette « hyperdémocratie », sur les plateaux de télévision et dans les pages éditoriales des journaux. Le dilemme était simple : la déclaration iranienne était peut-être un bluff mais Israël pouvait-il laisser accréditer l'idée que, contrairement à sa doctrine, il autoriserait la détention de l'arme nucléaire par un de ses ennemis ? Et à l'inverse, l'Etat hébreu devait-il prendre le risque, en frappant l'Iran, de déclencher une crise internationale majeure qu'oublieuse du point de départ, l'opinion internationale mettrait à son débit ? Prisonnier du complexe de Massada, surplombé par le poids de l'Histoire, jamais libéré de son sentiment d'assiégé, Israël avait d'autant plus de mal à trancher le nœud gordien que l'effet d'hypothétiques frappes semblait aléatoire. Ce ne serait pas le raid sur Osirak en 1981 : une cible unique et localisée. Il faudrait détruire des milliers de centrifugeuses : certaines usines étaient identifiées mais d'autres sans doute enfouies et escamotées à l'œil des satellites espions. Comme toujours, lorsque l'Etat hébreu était pris dans un dilemme — attaquer ou être attaqué, frapper ou se mettre en risque —, la réponse avait fini par s'imposer : aucun homme politique israélien n'a jamais pris, dans ces circonstances, le risque de l'inaction.

Aussi, au moment même où la presse dissertait savamment sur le choix à faire, les préparatifs de l'attaque étaient en cours. Ceux-ci se déroulaient dans le plus grand secret à l'égard des Américains : le gouvernement de Jérusalem pouvait se permettre de placer Washington devant le fait accompli ; il n'avait pas, en revanche, les moyens d'affronter un veto préventif. Si Tsahal n'était plus l'armée de francs-tireurs et de pionniers susceptible de s'imposer dans les corps à corps comme l'escapade libanaise l'avait démontré en

2006, elle demeurait une reine de la guerre technologique : plus le pays ressemblait à une Silicon Valley moyen-orientale, plus l'avantage de son armée devenait en effet grand dans l'affrontement sur écrans. Les raids furent, de ce point de vue, une promenade. Jamais détectés à l'aller, ravitaillés à temps, les avions de chasse israéliens allèrent frapper au mètre près les emplacements choisis. Et même si la nouvelle du raid s'était répandue dans le monde avant que la chasse israélienne ait regagné ses bases, le retour fut aussi aisé que l'aller.

Mais en revanche, quel charivari universel ! Comme prévu, de cible potentielle, Israël s'était mué en agresseur. Hormis les Etats-Unis, officiellement préoccupés, et les pays européens, regrettant un geste sans doute hâtif, le monde entier condamnait « l'agression israélienne ». Les rues arabes en chaleur, le Hezbollah lançant une campagne incessante de roquettes, le Hamas bombardant depuis Gaza, l'Egypte rappelant son ambassadeur à Tel-Aviv, les pays musulmans d'Asie reprenant leurs antiennes antisémites, la Russie retrouvant les accents vindicatifs de l'Union soviétique, la Chine s'exprimant avec une violence digne de l'époque du Grand Timonier, les opinions occidentales s'affolant devant la hausse du prix du baril, les bourses mondiales plongeant : Israël, comme il s'y attendait, était bien seul. Mais plus ce sentiment de solitude grandissait, plus les Israéliens se sentaient, une fois de plus, victimes d'une injustice, plus ils étaient convaincus d'avoir fait le bon choix.

Le monde entier avait les yeux fixés sur Téhéran, moins pour se repaître de la rhétorique et des excommunications proférées par le Président et le Guide Suprême que pour deviner si l'Iran allait bloquer le détroit d'Ormuz, c'est-à-dire choisir l'escalade. La question était en fait théorique et la poser était, pour les Occidentaux, un moyen de se rassurer à bon compte. Prisonniers de leur posture belliqueuse et des menaces proférées sur ce sujet depuis si longtemps, les dirigeants de Téhéran n'avaient pas les moyens d'hésiter. La seule habileté à leur portée était de mener l'opération sans la décréter officiellement et donc de faire couler trois pétroliers par des francs-tireurs, de manière à laisser ultérieurement un minimum d'espace à la diplomatie. La finesse persane poussa naturellement dans cette direction.

Mais le choc économique fut à travers le monde d'une rare violence : le baril à plus de 200 dollars, les bourses en baisse de 30 %, la consommation et les investissements à l'arrêt. La balle passa, dès lors, des Israéliens aux Américains. Ceux-ci étaient incapables de laisser durablement fermé le détroit d'Ormuz, sauf à renoncer à leur leadership mondial. De là une opération militaire de grande ampleur qui ne pouvait se limiter à poster quatre porte-avions à l'entrée du détroit, mais qui exigeait de détruire les sites de missiles iraniens susceptibles de frapper la zone.

L'entrée en lice des Etats-Unis eut des effets contradictoires. D'un côté, elle aggravait la crise politique, provoquant un embrasement des milices chiites en Irak, suscitant des mouvements de foule au Caire, à Rabat et dans toutes les capitales arabes, lourds de menaces pour les régimes les moins antioccidentaux, rendant difficile aux Saoudiens le maintien de leur solidarité avec Washington malgré leur radicalisme antichiite, accentuant partout les risques terroristes. De l'autre côté, elle calmait une crise pétrolière qui prenait une allure sans précédent, tant le blocage du détroit d'Ormuz avait suffi à garrotter les pays consommateurs ; elle rétablissait un minimum de sérénité sur les marchés et elle permettait à l'économie mondiale d'éviter un drame.

A plus long terme, c'était un nouvel état de belligérance qui allait apparaître en Orient : une paix israélo-palestinienne hors de portée, un Israël qui avait sans doute gagné du temps vis-à-vis d'un Iran nucléaire, mais se trouvait confronté à de nouveaux conflits, si difficiles à conduire pour lui, avec le Hezbollah et le Hamas ; des Etats-Unis transformés durablement en gendarmes maritimes ; un Iran qui allait jouer de sa posture victimaire pour rayonner sur le monde musulman ; une Arabie Saoudite et des Emirats à l'équilibre bringuebalant ; un Irak devenant de plus en plus le « trou noir » de la zone ; un terrorisme revivifié et récurrent.

Nous ne sommes malheureusement pas dans la stratégie-fiction. De tous les ébranlements qui nous menacent, c'est le plus immédiat et le plus probable. « Le jour de l'attaque israélienne » n'est pas la métaphore d'un problème jusqu'à présent méconnu ou volontairement ignoré. Cet enchaînement fatal peut se produire à tout moment. Les tenants du sang-froid arguent de la manière dont la dissuasion fonctionne entre le Pakistan et l'Inde, comme autrefois entre l'Union soviétique et les Etats-Unis. Ils postulent qu'aucun responsable iranien, fût-il le plus fou, ne prendra le risque de voir vitrifier son pays, s'il décidait d'utiliser un jour l'arme nucléaire. Ils mettent en avant les luttes de pouvoir au sein de la théocratie iranienne et le désir de la plupart de ses membres de protéger leurs avantages acquis et en particulier leur patrimoine nourri par une corruption bien organisée. Ils essaient de démontrer que même si Ahmadinejad est un nouvel Hitler, il ne dispose pas du pouvoir absolu d'un Führer pris comme il l'est dans un jeu de contraintes multiples. Ces arguments ne sont pas apologétiques ; ils sont recevables par la plupart des Etats traditionnels, mais non par Israël. L'arsenal nucléaire israélien est certes sans commune mesure avec celui dont disposera jamais l'Iran ; ses fusées à moyenne portée sont d'une qualité incomparable avec celle des missiles iraniens ; ses systèmes électroniques d'un niveau peut-être sans équivalent au monde.

Mais la question est d'une autre nature : Israël est-il devenu un Etat comme un autre ? Si tel est le cas, il peut d'autant plus prendre le risque de la dissuasion qu'il est dans la posture du fort, nucléairement parlant, vis-à-vis du faible. La balance coûts-avantages d'une attaque préventive sur l'Iran n'est, dans cette hypothèse, pas évidente : devenir, fût-ce injustement, le bouc émissaire du monde entier ne semble pas une situation enviable ; renoncer à la paix, même tacite, avec ses voisins est lourd de contraintes quotidiennes ; voir dilapidé un capital de sympathie international, déjà bien entamé, ne s'assimule pas à un acte insignifiant. Etat rationnel – au sens hégélien du terme –, Israël ne déciderait pas de frapper, même si son intérêt est de laisser courir la menace, afin de pousser les grandes puissances à l'attitude la plus dure possible vis-à-vis de Téhéran. Mais l'histoire d'Israël est la négation même de l'Etat hégélien. Il n'y a pas eu de pensée politique moins hégélienne que le sionisme de Theodor Herzl : le mélange de concours de circonstance, de remords mondial et de drame absolu qui aboutit en 1948 au vote des Nations unies sur la partition de la Palestine ne relève guère de l'histoire rationnelle.

Israël est, à certains égards, le témoignage admirable des mérites historiques de la déraison. De là, pendant un demi-siècle, le complexe obsidional sur lequel le pays a bâti sa sécurité et sa survie. Est-il aujourd'hui encore justifié ? Maints éléments plaident pour une réponse négative. Le tarissement, sauf accident imprévisible, de l'immigration juive, une fois arrivée la grande vague russe. La transformation du pays en quintessence de l'occidentalisme, poussant jusqu'à l'extrême le goût de la démocratie, le culte de l'individualisme, les attraits du marché. La mutation de l'économie en une avant-garde technologique et capitaliste mondiale. La psychologie collective qui fait une place de moins en moins grande aux racines intellectuelles du sionisme, tout en s'accommodant d'une omniprésence religieuse, le tout dans un équilibre idéologique bizarre. Cet Israël-là – ou la part de cet Israël-là présente dans l'esprit d'un bon nombre de ses citoyens – s'accommoderait d'une approche froidement rationnelle de l'enjeu iranien.

Mais les Israéliens sont schizophrènes et l'autre postulation – émotive, traditionnelle, mythologique, viscérale – demeure présente en chacun d'eux. Elle leur interdit de voir en Israël un Etat comme un autre. Ce n'est plus la théorie de l'ultime refuge des juifs de la diaspora, c'est-à-dire de leur assurance-vie qui prévaut. Ce serait contradictoire avec la disparition de l'« Alya[1] »

---

1. Terme désignant en hébreu le retour des juifs de la diaspora en Israël.

vers Israël. L'Allemagne – quel clin d'œil de l'Histoire ! – accueille en effet davantage d'immigrés juifs qu'Israël et l'Etat hébreu fait face désormais à un flux d'émigration aussi important que le mouvement d'immigration : la légende du pays refuge est bien écornée. Un étrange transfert psychologique s'est en revanche fait, qui voit Israël se vivre moins comme le havre des juifs de la diaspora menacés d'extermination que lui-même en risque de destruction. Les victoires militaires, le succès économique, l'épanouissement de la société n'y changent rien : la psychose de l'anéantissement demeure « l'ADN » d'Israël.

C'est, il est vrai, au moment où l'Etat hébreu semblait le plus puissant que pour la première fois depuis 1948 la population s'est sentie physiquement menacée, lorsqu'au moment de la guerre du Liban, en 2006, un cinquième d'entre elle a connu l'exode du nord du pays vers le sud, afin de fuir les roquettes du Hezbollah. Les optimistes qui croyaient la situation en voie de normalisation ont vécu durement ce rappel aux réalités. Le fantasme nucléaire ne peut qu'ajouter une dimension particulière au complexe obsidional des Israéliens : il s'identifie, dans l'esprit de beaucoup, au risque d'un nouvel holocauste et les rodomontades iraniennes ne font rien pour atténuer ces réactions. De là la grande probabilité de voir Israël se comporter comme le veut son identité profonde et non en Etat hégélien.

La clef du drame est donc à Téhéran, puisque la probabilité d'une riposte israélienne est immense. Les Iraniens en sont-ils conscients ? Croient-ils à leur bluff ? Sous-estiment-ils la psychologie israélienne ? Pratiquent-ils avec délectation la stratégie du bord du gouffre ? Souhaitent-ils l'embrasement ? Le régime de Téhéran est aussi opaque que le sont tous les systèmes de pouvoir dictatoriaux ; la théocratie ajoute même une dose d'inconnu supplémentaire. C'est, suivant le mot de Churchill à propos du stalinisme, « un mystère entouré d'une énigme ».

Dans cette partie d'échecs, le joueur israélien est prévisible ; l'iranien, non.

7.

*Le jour où la France comptera
plus d'habitants que l'Allemagne*

LA POPULATION FRANÇAISE dépassera vers 2050 la population allemande, événement qui ne s'était jamais produit depuis la proclamation de l'empire allemand en 1871. Ce n'est ni une hypothèse ni une métaphore mais une quasi-certitude. Seuls un effondrement de la natalité française, une envolée de la fécondité allemande, une ouverture tous azimuts des frontières de l'Allemagne fédérale à l'immigration pourraient peut-être modifier cette perspective. La démographie est en effet une discipline lente et lourde et les changements de cap sont peu probables.

Nous ne sommes plus à l'époque des avantguerres où décompter les populations équivalait à recenser les divisions pour le futur champ de bataille. La puissance d'un pays ne se mesure pas exclusivement au nombre de ses habitants mais l'importance de sa population contribue à sa force économique et sa structure par tranches d'âge conditionne son dynamisme. Il existe, de ce point de vue, un miracle français, vis-à-vis de l'Allemagne certes, mais aussi de l'ensemble des pays européens. D'après les projections de l'INSEE, notre population devrait atteindre en 2050 70 millions d'habitants, avec pour hypothèses une fécondité de 1,9 et un solde migratoire annuel positif de 100 000 personnes. L'Allemagne aurait besoin, pour que sa population soit du même ordre, que sa fécondité remonte légèrement à 1,4.

Sur la base des chiffres actuels, le rattrapage serait infiniment plus rapide : en 2006 la population française a crû de 0,4 % alors que l'Allemagne régressait de 2 %. De même, si la France changeait de politique d'immigration – elle n'a ainsi accueilli en 2005 que 250 000 immigrés légaux contre 710 000 en Allemagne, 500 000 en Grande-Bretagne, 330 000 en Italie – elle prendrait encore plus vite l'ascendant démographique sur l'Allemagne. Alors que nos voisins compensent la baisse de la natalité par une immigration importante, la France tire parti de son tonus démographique pour maintenir un contrôle strict des flux migratoires. Alors que l'Italie, l'Espagne, l'Irlande, la Pologne ont une fécondité médiocre de l'ordre de 1,3 à 1,4, ce qui démontre la disparition du vieux modèle de la famille catholique nombreuse et que l'Allemagne mi-catholique, mi-protestante est dans la même situation, la fécondité française est passée de 1,8 pour la période 1975-1999 à 1,9 de 2 000 à 2005. Alors que le nombre des décès est supérieur depuis plusieurs années à celui des naissances chez nos voisins, le solde naturel français est non seulement positif mais a augmenté de 236 000 en 1990 à 243 500 en 2005, chiffre respectable au regard des 327 000 de 1950, c'est-à-dire au sommet du baby-boom.

Le vieillissement de notre population est certes inéluctable : les 10 millions d'habitants gagnés d'ici 2050 correspondront exactement à l'accroissement de la population de plus de 60 ans (de 12,6 millions à 22,3 millions, dont 10,9 millions de plus de 75 ans contre 4,9 au début de la période et 4,2 millions de plus de 85 ans contre 1,1 million). Un tiers des Français aura plus de 60 ans en 2050 (contre un cinquième aujourd'hui), mais ce chiffre sera une bénédiction comparé à celui d'une Allemagne dont un tiers d'habitants aura non pas plus de 60 ans, mais plus de 65 ans !

Résultat : il y aura en 2050 1,4 actif en France pour 1 inactif (à comparer à 2,2 aujourd'hui), alors qu'un actif allemand sera en charge d'un inactif. En fait, toutes choses égales par ailleurs, la population allemande baissera d'une dizaine de millions d'habitants (83 millions aujourd'hui), alors que la française augmentera du même nombre. Ce qui vaut pour l'Allemagne s'appliquera aux autres pays européens, l'Italie tombant de 58 à 53 millions, la Pologne de 38 à 33 millions, la Tchéquie et la Hongrie de 10 millions à moins de 9.

Aucune réalité n'est plus difficile à expliquer que la démographie. La tradition exige d'imputer l'excellente natalité française à l'intelligence et à la sophistication des politiques familiales menées depuis des lustres. Sans doute ont-elles joué un rôle, mais il y a trente ans les analyses mettaient les fortes fécondités latines au crédit du catholicisme : ce n'est désormais plus possible. L'habitude était d'imputer la modestie de la natalité allemande aux difficultés des femmes entrées sur le marché du travail, mais la culture sociale démocrate, le féminisme ambiant ont effacé le *Kinder, Küche, Kirche* – les enfants, la cuisine, l'Eglise – d'autrefois. De même voit-on dans la fécondité d'un pays le miroir de son optimisme ou de son pessimisme. Cela signifierait donc qu'à rebours des enquêtes menées depuis trente ans démontrant combien les Français broient du noir, nous aurions l'optimisme chevillé au corps. Bizarre schizophrénie !

La démographie française est donc un miracle mais ses causes relèvent du mystère. Les conséquences seront, de toute façon, majeures. Certes, pendant plusieurs années, notre tonus démographique a pesé négativement sur le niveau du chômage, accentuant le désarroi ambiant alors que la diminution de la population active chez certains de nos voisins, le Royaume-Uni au premier chef, facilitait le retour au plein emploi et avec lui un sentiment de confiance qui leur a servi d'adjuvant à la croissance. On oublie trop facilement que, lorsque le taux de chômage français, alors supérieur à 10 %, était le double du taux anglais, une part importante de l'écart s'expliquait par le solde de la population active et non par le seul miracle des politiques thatchérienne et blairiste, au regard du conservatisme commun à la gauche et à la droite françaises. Et pendant ces années-là, les différences démographiques ne faisaient pas encore sentir leur effet sur les équilibres financiers de l'Etat-providence, de sorte que notre bonne santé démographique était absurdement vécue comme un handicap alors qu'elle était une aubaine dont nous allons peu à peu mesurer l'effet.

Il est dommage pour la France que l'importance de la population ne soit plus, comme autrefois, le discriminant de la puissance ! Notre avantage relatif sur nos voisins ne pèsera guère à l'échelle d'un monde où l'Europe apparaîtra de plus en plus comme un espace prospère pour les vieux, une Suisse à l'échelle d'un continent. Vues de Pékin ou de Delhi, une France de 75 millions d'habitants et une Allemagne de 74 millions seront des nains indifférenciés. Même depuis Washington, le changement entre ces deux vieux pays semblera infinitésimal.

Il en ira différemment à l'intérieur de l'Union européenne. Moins à cause des effets démographiques sur le fonctionnement des institutions – une ou deux voix de plus lors des scrutins majoritaires au Conseil des ministres ou une poignée de députés supplémentaires au Parlement européen – que pour des raisons psychologiques. C'est pour une part à cause de l'accroissement de la population de la République fédérale que nombre de responsables politiques français ont si mal vécu l'unification allemande. L'absurdité du Traité de Nice en est l'illustration la plus durable, Jacques Chirac et Lionel Jospin s'étant arc-boutés de conserve pour obliger les Allemands à faire abstraction de leurs vingt millions de citoyens supplémentaires dans la détermination du nombre de voix au Conseil des ministres. L'Europe a en partie marché à cloche-pied depuis quinze ans, à cause du complexe démographique des Français.

Au lieu d'être obsédés par des chiffres autrement essentiels dans le monde contemporain – la différence des soldes des balances commerciales en particulier –, nous nous sommes sentis en état d'infériorité vis-à-vis des Allemands pour la plus niaise des raisons : l'écart de population. L'Allemagne étant, de ce seul fait, perçue comme la première puissance européenne, la France se sentait blessée dans son orgueil et le manifestait à coups de maladresses, se montrant d'autant plus inutilement arrogante qu'elle était absurdement complexée. Comme un bon élève incapable de s'imaginer second au classement, elle va pouvoir retrouver son assurance, au risque de se croire revenue au bon vieux temps de l'Europe des six.

Mais au-delà des naïvetés françaises, le regard des autres changera d'autant plus que son avantage démographique se transformera en dynamisme économique. L'Allemagne sera prisonnière d'un dilemme : soit combattre son drame démographique en accélérant massivement l'immigration, soit supporter les surcoûts de son vieillissement. Le sort de la plupart des autres pays européens est le même, mais chacun d'entre eux a, face à la perspective de flux impressionnants d'immigrés, des traditions et des réactions différentes. En théorie, mal armée pour accueillir les étrangers avec un droit du sang à peine écorné par les réformes du gouvernement Schröder, l'Allemagne a néanmoins la population immigrée la plus importante – 10 millions – contre 6,5 millions en France et 5,4 millions au Royaume-Uni, deux pays pourtant moins rétifs à la naturalisation et à l'assimilation des nouveaux venus.

Si la République fédérale compensait son solde naturel négatif par un surcroît d'immigration, celle-ci devrait atteindre 20 millions d'habitants, soit plus d'un quart de la population. Serait-ce tolérable pour le modèle sociétal allemand, même si la lenteur de ces apports supplémentaires contribuerait à les anesthésier ? Grâce à son communautarisme et à sa tradition d'accueil des habitants du Commonwealth, le Royaume-Uni est a priori plus adapté à un tel choc migratoire. De même, passées en quelques années d'une culture de l'émigration à l'assimilation massive d'immigrés, l'Italie et l'Espagne ont peut-être fait l'essentiel du chemin, ce qui les rendrait plus aptes à doubler, en deux ou trois décennies, le nombre des étrangers. La perspective d'une population étrangère de 25 % est un défi plus grand pour un peuple-nation comme l'Allemagne que pour un Etat-nation : c'est son identité même qui est en jeu. Encore l'Allemagne peut-elle envisager cette hypothèse, à la différence d'un Japon rétif devant toute forme d'immigration et d'une Russie en pleine implosion démographique.

La France est, par comparaison, dans une situation privilégiée. Son tonus démographique lui donne le choix, soit de continuer sur sa trajectoire actuelle, c'est-à-dire de tabler sur un solde naturel qui lui permet d'avoir un flux assez faible d'immigration, soit d'ouvrir plus grandes ses portes aux étrangers et d'améliorer encore son avantage démographique.

Mais même si les Allemands se décident pour une immigration accélérée, celle-ci ne suffira pas à effacer les effets du vieillissement. Les Européens ne sont pas en effet tous logés à la même enseigne. Un actif pour un inactif (ratio allemand en 2050) signifie des contraintes incommensurables par rapport à 1,4 actif pour un inactif (ratio français à la même date). La pression sur les dépenses d'assurance-maladie, les exigences du système de retraite pèseront infiniment plus sur les comptes des entreprises et le pouvoir d'achat des ménages. La part plus importante des seniors dans la population et donc leur présence significative dans la vie active déformeront la pyramide des rémunérations et accroîtront mécaniquement le coût du travail. Le déséquilibre entre salariés âgés très expérimentés et jeunes débutants souvent issus de l'immigration compliquera le fonctionnement, jusqu'alors plutôt fluide, des entreprises. Enfin, sauf à voir remise en cause une loi jusqu'à présent incontestée, les économies âgées sont moins entrepreneuriales, moins vives, moins innovatrices, moins toniques que leurs concurrentes plus jeunes.

Or le poids de l'industrie dans l'équation allemande l'expose davantage à une rivalité avec les pays asiatiques en pleine ascension que ne l'est une économie plus axée vers les services, comme l'économie française et donc plus protégée face aux innovations venues de concurrents plus jeunes : la machine-outil allemande est davantage à la merci de bouleversements technologiques en provenance de Chine ou d'Inde que l'hôtellerie française !

C'est, de surcroît, à travers les générations montantes que se propagent les révolutions technologiques. Y a-t-il meilleurs agents commerciaux de l'Internet aujourd'hui que les adolescents ? Ils déterminent le modèle de consommation du pays et la diffusion du progrès technique. Seuls 16 % des Allemands auront moins de 20 ans en 2050, contre 30 % en 1952, et ils feront surtout face à 30 % de la population ayant à la même date plus de 65 ans : soit un adolescent pour deux quasi-retraités, l'âge de la retraite ayant évidemment entre-temps été reculé.

Les progrès de la médecine, le rajeunissement physique des vieux, l'allégresse des anciens ne suffiront pas à effacer cette réalité. Ce que le Japon commence à expérimenter – une économie sans croissance en contrepoint d'une population vieillissante – sera le destin des Européens, à l'exception partielle de la France.

Nous ne sommes guère conscients de l'avantage compétitif que nous allons recouvrer. Et notre cécité est, de ce point de vue, heureuse. Tels que sont construits les Français, ils y trouveraient un argument pour s'exonérer des efforts collectifs auxquels nous sommes promis. Or c'est même l'inverse : plus nous nous moderniserons dans les dix ans qui viennent, plus nous tirerons parti ultérieurement de notre avantage démographique ; plus notre économie sera compétitive, plus elle bénéficiera d'un surcroît de tonus ; plus nos coûts seront maîtrisés, plus le surcroît de croissance engendré par notre poids démographique sera grand.

Un grain de sable peut-il bloquer cette heureuse perspective ? Ce ne pourrait être qu'un effondrement brutal de la natalité qui nous ramènerait à l'étiage de nos partenaires européens. Nul ne peut certes l'exclure. La démographie « a ses raisons que la raison ne connaît pas ». Ainsi les Français se sont-ils mis à refaire massivement des enfants après des décennies de natalité molle, non en 1945 comme le bon sens pourrait le laisser croire, mais en 1942, au plus noir de l'Occupation ! Mais la natalité a résisté depuis les années soixante au choc de la crise, à la libération des mœurs, à l'individualisme triomphant, à l'émancipation des femmes et surtout à l'envolée du chômage et donc à l'angoisse du lendemain. Dans le même esprit, le mariage, cette vieille institution bourgeoise, a mieux tenu le choc en France qu'à l'étranger. Il existe un modèle français de la famille, originelle ou recomposée, juridique ou libre. Faut-il en chercher la trace, comme le faisait Emmanuel Todd pour expliquer la démographie de telle ou telle région, dans le terreau granitique, argileux ou basaltique, ce qui équivaudrait à l'échelle du pays entier à le pister dans son climat ? C'est, quand on n'a pas trouvé les explications d'un phénomène, lui imputer une origine supra-rationnelle, donc absurde. Il en va de la spécificité familiale française comme de l'existence chez Sartre : elle précède l'essence. Inutile d'en chercher les fondements : elle est ! Les aléas de conjoncture auxquels elle a été insensible témoignent de sa solidité.

De là le pari légitime que la natalité se maintiendra à un niveau plus élevé qu'ailleurs. C'est, de ce point de vue, une prudence de ne pas extrapoler la poursuite de son rebond depuis 2000 et de prédire les 70 millions de Français en 2050 sur une base statistique plus modeste et plus ancienne. Puisse cette bienfaisante perspective s'insinuer dans notre conscience collective sans nous pousser au « lâche soulagement », mais en sécrétant au fil des années un minimum d'optimisme et de confiance.

Chacun sait qu'il n'existe pas deux facteurs de production – le capital et le travail – mais trois – le capital, le travail et la confiance. Or le meilleur étalon de la confiance est évidemment de faire des enfants. Etrange France qui cède au vertige du pessimisme, au moment où son inconscient collectif témoigne d'un optimisme hors norme ! Combien de temps ignorera-t-elle encore qu'un jour sa population dépassera celle de l'Allemagne et refera d'elle, au moins sur ce plan qui est en surplomb de tous les autres, le premier pays d'Europe ?

8.
Le jour où les Asiatiques rafleront tous les prix Nobel

C'EST LE GENRE de statistiques auquel on n'attache guère d'importance. Chaque pays ne se préoccupe – d'ailleurs moins qu'autrefois – que du prix Nobel obtenu par tel ou tel de ses universitaires. Une fois la médaille empochée, aucun observateur ne regarde la liste des autres récipiendaires, convaincu qu'ils seront, comme à l'accoutumée, américains, accessoirement anglais ou allemands. Si un nom asiatique apparaît, il ne peut être que japonais ou plus probablement américain d'origine chinoise ! En effet, avec presque une moitié des PhD allant aux Etats-Unis à des Asiatiques, le terreau est là pour faire émerger des Nobel américains. Que les Américains d'origine chinoise de la côte Ouest remplacent au palmarès les juifs de la côte Est n'est pas une révolution aux yeux du reste du monde !

Toutes ces habitudes ont volé en éclats en cet automne 2021. Tous les lauréats – écrivain, économiste, scientifiques – venaient d'Asie, de la vraie Asie – Chine, Inde, Japon et même Singapour. Soudainement le tocsin s'est mis à sonner dans toutes les enceintes académiques de l'Occident et en particulier aux Etats-Unis. Le choc a été terrible à Harvard, Berkeley, Oxford, Heidelberg et même rue d'Ulm ! Inattentive jusqu'alors aux évolutions du monde scientifique, la presse s'est déchaînée, aussi excessive sur l'instant qu'elle avait été indifférente pendant des années : elle se mettait à extrapoler comme si la performance des Asiatiques, exceptionnelle cette année-là, allait se reproduire automatiquement. Quelques voix isolées essayèrent en vain de faire prévaloir le bon sens : ce résultat symbolique ne faisait que traduire l'irrésistible ascension des Asiatiques vers les sommets de la connaissance, mais la science occidentale n'avait pas pour autant été rayée de la carte ! Le président des Etats-Unis se sentit néanmoins obligé de commander un livre blanc à un aréopage de scientifiques de renom, leur demandant de pointer du doigt les éventuels retards du système universitaire et de la recherche et les mesures à prendre. Quant aux dirigeants européens, ils n'eurent même pas ce réflexe, comme si l'affrontement les dépassait et si le vieux continent était désormais en marge de la bataille du savoir.

Le jour où les Asiatiques rafleront tous les prix Nobel n'aura peut-être pas lieu, mais c'est la métaphore d'un transfert du pouvoir scientifique sous-estimé par les Occidentaux. Nous vivons avec les mêmes préjugés à l'égard des Chinois et des Indiens qu'autrefois vis-à-vis des Japonais. De même qu'il y a quarante ans, nous estimions l'économie nippone tout juste apte à copier nos transistors puis nos appareils électroniques, nous croyons que les Chinois ne sont à leur tour que des imitateurs et que les masses d'ingénieurs indiens spécialisés en informatique ne font que fabriquer une matière première intellectuelle sans vraie sophistication. C'est ne pas mesurer la révolution en cours.

La Chine n'a eu de cesse que de rétablir son niveau académique après la grande purge de la révolution culturelle. La base est large : plus de 15 millions d'étudiants, 4 000 institutions universitaires ! Mais l'apparition d'universités privées et des droits d'inscription plus élevés qu'en France − donc massifs proportionnellement au niveau de vie − témoignent d'un élitisme clairement affiché. Le gouvernement a choisi en 1998 dix universités destinées à se classer parmi les meilleures du monde. Elles peuvent sélectionner leurs élèves selon les critères les plus exigeants et bénéficient de subsides sans limite. Les pouvoirs publics ne font qu'appliquer aux universités le même traitement qu'aux activités sportives avec un seul objectif : un maximum de médailles. S'ajoute, de plus, un atout dont n'a pas bénéficié le monde sportif : l'envoi de 50 000 étudiants dans les universités américaines. Si certains d'entre eux sont tentés de rester aux Etats-Unis, la plupart reviennent, forts de leurs doctorats et de leur compréhension du système américain. Les principales institutions américaines commencent d'ailleurs à établir des partenariats avec leurs alter ego chinois. C'est un échange faussement équilibré mais naturel, le monde académique ne pratiquant heureusement pas le protectionnisme.

Les Harvard et autre Berkeley accueillent de remarquables étudiants chinois qui contribuent à la course à l'excellence de ces institutions et leur servent de troupes d'élite dans la bataille pour les classements mondiaux. Une fois formés, ils sont disponibles pour servir la mère patrie. Dans les 500 universités du classement de Shanghai, la Chine en a déjà placé 10 – une de plus que la France –, mais ce n'est qu'un modeste début. La suite de l'histoire est écrite : c'est affaire de temps. On ne voit pas l'événement qui interromprait cette longue marche vers l'excellence : les Chinois ont trop souffert de la destruction du savoir, de l'humiliation des intellectuels et du nivellement induit par la révolution culturelle, pour s'écarter du choix ambitieux et élitiste qu'ils ont fait.

Dans cette course à l'excellence académique, les Indiens sont partis avec une considérable avance. Au lieu d'avoir à reconstruire un système comme les Chinois après la table rase de la révolution culturelle, ils ont l'immense acquis de la colonisation britannique. Les Anglais ayant fait le pari de tenir les Indes avec l'aide des élites locales, ils offrirent à quelques milliers d'élus l'accès aux universités britanniques, y compris Oxford et Cambridge, et installèrent sur place des établissements de haut niveau, afin de former les autochtones sur lesquels ils tablaient. Enfin, *last but not least*, la maîtrise de l'anglais est un avantage incommensurable. Elle explique, bien davantage qu'un éventuel chromosome industriel ou non, la spécialisation de l'Inde dans les services, lesquels exigent de parler anglais, et de la Chine dans l'industrie où l'on peut se passer de ce nouvel espéranto. Les résultats se mesurent aujourd'hui. Quelques établissements d'enseignement supérieur de niveau mondial, des centres de recherche de plain-pied dans le système international, des publications de haute tenue, des colloques sophistiqués, des entreprises à forte matière grise comme Unisys, une Silicon Valley indienne à Bangalore : autant de preuves de la vitalité scientifique indienne. Moins insérée dans la globalisation des échanges que la Chine, l'Inde est aujourd'hui plus présente en revanche dans la compétition internationale du savoir. Nul doute qu'elle continuera sa marche en avant et qu'elle visera à concurrencer les meilleures universités américaines et anglaises. De ce point de vue l'osmose naturelle avec Oxford, Cambridge, l'Imperial College ou la

London School of Economics demeure un avantage incomparable.

Dans cette marche en avant de l'Asie vers la maîtrise du savoir, le Japon tiendra à coup sûr son rang. Il est troisième dans le classement de Shanghai, après les Etats-Unis et le Royaume-Uni ; il fera tout, émulation oblige, pour n'être ni rattrapé, ni dépassé par les nouveaux concurrents chinois et indiens.

Quant à Taïwan, Hong Kong, la Corée du Sud, ils continueront leur progression, stimulés par l'accélération des nouveaux venus. Singapour tirera de son côté parti du choix stratégique fait par son gouvernement de devenir l'échelon avancé en Asie des institutions universitaires européennes et américaines : jouer, de la sorte, « le campus des campus » permet les transferts les plus naturels de savoir-faire.

Un continent du savoir se met donc en place de Séoul à Shanghai, de Tokyo à Bangalore, de Pékin à Delhi, de Taipei à Singapour. Son émergence ira de pair avec la sophistication de plus en plus grande de l'industrie et des services asiatiques. Les Nobel ne seront, le moment venu, qu'une manifestation parmi d'autres de l'omniprésence de ces nouveaux joueurs.

Les institutions les plus établies de l'Occident mesurent-elles ce défi ? Sont-elles en état d'y répondre ? Les universités américaines se vivent encore et à juste titre comme les usines à fabriquer les chefs du monde entier. Elles accueillent, sans autre limite que la sélection sur niveau et les restrictions à l'immigration, tous ceux qui veulent accéder à la meilleure formation mondialement disponible. Ainsi ont-elles formé les nouvelles élites de l'ex-bloc communiste, sans que celles-ci rêvent, une fois au pouvoir, de bâtir chez elles des institutions de même niveau. Seule la Russie a échappé à ce mouvement : l'enseignement supérieur et la recherche y vivent en effet encore du legs soviétique. Ce fut, pour les Etats-Unis, un formidable levier d'influence en Europe centrale et orientale aux dépens des Européens de l'Ouest incapables de jouer le même rôle. Rien de tel n'arrivera avec les Asiatiques. L'échange inégal se produit dans l'autre sens : les Indiens et Chinois tirent le meilleur profit de l'élitisme américain, sans que les Etats-Unis puissent utiliser leurs anciens étudiants comme un instrument d'influence.

L'ascension des institutions académiques d'Asie créera certes une concurrence pour les grandes universités américaines, sans menacer pendant une longue période encore leur leadership. Celles-ci sont, à la limite, plus déstabilisées à court terme par les mesures restrictives en matière d'immigration imposées après le 11 septembre 2001, qui tarissent en partie le recrutement des meilleurs étudiants du monde entier au profit du Royaume-Uni et un peu de l'Allemagne. Mais le défi asiatique obligera le moment venu les Harvard,

Berkeley, MIT et consorts à se renouveler et à sortir du confort que leur apporte leur quasi-monopole. L'importance de leur capital financier, l'accumulation de spécialistes hors pair, l'ascendant de leurs centres de recherche ne peuvent en effet que les conduire à l'autosatisfaction. Être obligés de regarder du côté de Pékin et de Bangalore leur fera beaucoup de bien.

Pour les Européens, l'irruption des Asiatiques va accentuer l'urgence de l'effort et du rattrapage. Les meilleures institutions britanniques ne seront pas affectées. Peut-être davantage encore que leurs pairs américains sauront-elles tirer parti de leurs liens avec les universités d'Inde, de Hong Kong et de Singapour, nés de l'osmose culturelle entre un ancien colonisateur habile et des ex-colonisés susceptibles de jouer intelligemment avec feu leur mère patrie. Pour les autres, Allemands et Français en tête, le défi sera encore plus grand. Leur insignifiance dans les classements universitaires internationaux les a déjà obligés à se lancer, les uns et les autres, dans des politiques contraires aux habitudes égalitaristes qui prévalaient jusqu'alors de part et d'autre du Rhin et donc à promouvoir désormais dans chacun des deux pays une dizaine d'établissements de manière à les amener au meilleur niveau international. L'accélération que la concurrence asiatique va imposer aux grandes universités américaines risque de creuser l'écart avec les meilleures européennes du continent et de rendre encore plus difficile toute opération de rattrapage.

Sans doute la dureté de la compétition poussera-t-elle certaines universités européennes à regrouper leurs forces et à inventer un modèle multinational reliant dans un même réseau, voire une même structure, des établissements français, allemands, italiens, espagnols. Le monde académique devrait connaître la même évolution que la sphère économique au moment de l'établissement du marché unique. Mais si les rapprochements transfrontaliers d'entreprises sont un art difficile, les coopérations et a fortiori les fusions entre organisations à but non lucratif sont encore plus aléatoires. S'y ajoutent, quand il s'agit d'universités, l'orgueil des professeurs, l'identité séculaire des institutions, les cultures différentes en matière de pédagogie et de recherche. Fusionner Heidelberg et la Sorbonne serait encore plus problématique que de mener l'opération EADS. C'est pourtant une nécessité vitale pour espérer rivaliser un jour avec les principaux joueurs d'aujourd'hui et de demain.

Se profile enfin, de notre côté, une question délicate qui tient à l'exception française des grandes écoles. Notre système avait fonctionné jusqu'à présent sur une efficace hypocrisie : des universités incapables de sélectionner leurs étudiants, de choisir leurs professeurs et toutes en voie de paupérisation ; des écoles hypersélectives, aux ressources financières confortables, formant les élites dont le système économique français avait besoin et qui avaient le niveau des étudiants des meilleures institutions anglo-saxonnes.

Mais dès lors que le monde académique s'est lui aussi globalisé, les deux piliers de l'enseignement supérieur français sont confrontés à leurs propres faiblesses. Les universités mesurent leur marginalisation au regard de leurs concurrents étrangers et la conscience de cette réalité a fini par pénétrer ce monde si corporatiste et si rétif au changement. De là l'acceptation en 2007, sans d'excessives protestations, de la loi d'autonomie. De là l'étonnant consensus en faveur de l'affectation des milliards d'euros, tirés de la vente d'une poignée d'actions EDF, à dix campus afin de les porter aux standards internationaux, décision iconoclaste qui mettait en lambeaux le sacro-saint égalitarisme en fonction duquel l'Etat devait consacrer le même effort à une modeste université de province et à Paris VII !

Les grandes écoles se sont, elles, longtemps crues à l'abri du séisme. Pure illusion ! La partie ne consiste plus seulement à former de bons élèves français issus des meilleurs lycées du pays, mais à attirer une élite étudiante étrangère. Comment un jeune Chinois, confronté à un choix entre le MIT et Polytechnique, préférerait-il une école militaire regroupant quelques centaines d'élèves sur un campus isolé ? Que ferait un Indien libre d'opter entre Berkeley et une microécole française portant le nom d'« Ecole des Mines », alors que le mot même de mines incarne les siècles passés ? Comment lui expliquer que malgré ce titre préhistorique, il s'agit d'une institution de plain-pied dans la modernité ? Comment faire comprendre à un Japonais l'intérêt pour lui de fréquenter une « Ecole normale supérieure » dont l'étrange modèle pédagogique n'a d'équivalent nulle part au monde ? Alors qu'obligées de se financer, les écoles de commerce françaises se sont immergées dans le bain international, les écoles d'ingénieurs, fortes de leurs certitudes, se perpétuent dans leur être. Si elles continuent de se calfeutrer dans leurs habitudes, le résultat est acquis d'avance : en quête de diplômes valables sur le marché mondial des cadres supérieurs, les meilleurs étudiants français préféreront fréquenter les grandes institutions internationales et les étudiants étrangers les plus brillants ignoreront la France, par peur d'être prisonniers d'un système villageois.

Lorsque l'Asie aura rejoint académiquement les Etats-Unis, notre marginalisation sera encore plus criante, mais la partie sera jouée ! Il ne s'agit pas aujourd'hui pour les grandes écoles de rattraper un retard, mais d'éviter d'en prendre un. A cela une seule solution : fusionner aux forceps les écoles, de manière à bâtir deux ou peut-être trois entités de taille, de ressources, de niveau susceptibles de les mettre en concurrence avec le MIT, le

CALTEC californien ou l'Imperial College londonien. C'est, en apparence, un geste simple et, en réalité, une révolution au sein de nos élites : elle mettrait à bas les petites camarillas traditionnelles et ferait sauter l'organisation des grands corps techniques de l'Etat. Il naîtrait un lien, aujourd'hui sacrilège, entre ces nouvelles institutions qui seraient peu présentes au départ, à l'instar des écoles actuelles, dans l'univers de la recherche, et les meilleures universités, elles beaucoup plus actives sur ce terrain-là, mais en revanche sevrées des étudiants les plus brillants dont les écoles se sont assuré le monopole. La pression concurrentielle des institutions anglo-saxonnes n'a pas été encore suffisante pour faire de ce diagnostic une évidence. Le jour où l'Asie raflera tous les Nobel, nos grandes écoles prendront enfin peur. L'omnipotence de l'université de Pékin les réveillera davantage que la séduction trop connue de Stanford ! Puisse ce jour arriver, non pas le plus tard possible, au nom du raisonnement traditionnel – « Encore un instant, Monsieur le bourreau » – mais le plus tôt possible, dans l'espoir d'un réveil violent et salutaire.

9.

*Le jour où le terrorisme
menacera de faire exploser
une arme nucléaire tactique*

C'ÉTAIT, depuis la disparition de l'Union soviétique, le scénario de l'horreur. Contrôlées jusqu'alors par l'Armée Rouge, plusieurs milliers d'armes nucléaires tactiques étaient devenues des biens sans maître. Sans système de suivi et de comptabilisation ; sans mécanisme de verrouillage centralisé, à la différence des armes à moyenne et longue portée ; sans sécurisation des lieux de stockage. A l'époque où Moscou quêtait, avec humilité, les soutiens internationaux, la communauté internationale, Etats-Unis en tête, avait lancé un programme de sécurisation des armes tactiques entreposées en Russie et en Ukraine. Celui-ci a été pris ensuite en charge par un pouvoir russe à nouveau organisé et centralisateur, de sorte que les observateurs les plus compétents s'étaient convaincus que l'essentiel du stock avait été remis sous contrôle. Mais personne ne se serait avisé d'affirmer qu'il n'y avait eu aucune perte en ligne et que quelques armes ne se trouvaient pas dans des mains dangereuses. Plus de quinze ans s'étant passés sans accident, les stratèges du monde entier avaient fini par rayer de leurs tablettes le scénario du pire.

Le choc n'en fut que plus violent, ce jour de 2010, quand un groupuscule inconnu fit passer un communiqué annonçant qu'il détenait une arme tactique, prête à l'emploi dans Londres et que dans deux jours il la ferait exploser. Un canular ? Plausible. Un vrai risque ? Nul ne pouvait l'exclure. De quelle origine ? Ce genre de menaces a priori n'était dans le style ni d'Al-Qaïda, ni des irrédentistes irlandais, ni des militants tchétchènes, ni d'aucun groupe terroriste connu. Était-ce l'apparition d'un anarchisme d'un nouveau style ? Peu importait à la limite l'origine du communiqué. Le gouvernement britannique était placé devant un choix cornélien. Faire le pari du canular, au risque d'un drame insupportable ? Obliger les Londoniens à évacuer la ville ? Le propos était tellement imprécis qu'aucun périmètre de sécurité n'était aisé à définir. Envoyer sur les routes des millions d'habitants dans un exode comme le Royaume-Uni n'en avait jamais connu ? C'était, s'il s'agissait d'une mauvaise plaisanterie, créer un précédent et donner le moyen, à tous coups gagnant, à des groupuscules de déstabiliser l'organisation complexe de nos sociétés et de nos économies.

La décision du Premier ministre dépasserait de toute façon le seul cadre britannique : elle allait faire jurisprudence pour le monde entier. Aussi celui-ci eut-il l'intelligence politique de consulter les principaux responsables internationaux, de manière à mutualiser sa propre responsabilité, même s'il était convaincu, au cas où l'aventure se terminerait mal, d'être le seul coupable aux yeux de l'Histoire. Les services spéciaux des grandes puissances, pour une fois prêts à coopérer entre eux, prenaient des positions contradictoires. Dans un réflexe d'autoprotection bureaucratique, les uns prônaient l'évacuation de l'ensemble de l'agglomération britannique ; d'autres suggéraient de la limiter au centre de la ville ; les derniers, enfin, plus audacieux, suggéraient de ne pas céder à la menace. La situation était de surcroît absurde, en raison de la méconnaissance générale des effets d'une explosion nucléaire tactique. Le monde n'avait heureusement jamais été confronté à un test grandeur nature, de sorte que toutes les hypothèses étaient envisageables sur la force de la déflagration, l'ampleur de la zone atteinte, les effets à plus longue distance des radiations. Ce ne serait ni Hiroshima ni Tchernobyl : telle était, au fond, la seule certitude des experts !

En fait c'est l'opinion davantage que le gouvernement qui a tranché le dilemme. Admirable quand tout va mal et souvent insupportable quand tout va bien, le peuple britannique n'a pas voulu, une fois de plus, plier l'échine. Des sondages hâtivement réalisés ont montré que nombre de Londoniens refuseraient d'évacuer la ville, même si l'ordre leur en était donné. Fort du soutien populaire et des encouragements de ses collègues du monde entier, le Premier ministre s'est offert un morceau de bravoure aux accents churchilliens sur le thème : céder à la menace, vraie ou fausse, serait donner un blanc-seing au terrorisme. Bien lui en a pris de tenir cette position, car rien ne s'est passé. La vie en ville a certes été perturbée quelques jours par une inquiétude diffuse, avant de reprendre rapidement son cours normal. Avec l'insouciance propre aux sociétés contemporaines, l'épisode a été assimilé à une mascarade. Nul n'a voulu y voir un rappel aux réalités.

Or cet épisode londonien, aux allures de « commedia dell'arte », aurait pu se produire. L'obsession Al-Qaïda a fini par occulter toute réflexion sur le terrorisme contemporain. Celui-ci est exclusivement assimilé aux faits et gestes d'une « synarchie[1] » islamiste, dont le commandement centralisé se situerait toujours aux confins du Pakistan et de l'Afghanistan. C'est faire fi d'une réalité plus complexe. Le risque de dissémination des armes tactiques soviétiques et l'éven-

---

1. Nom donné à une organisation clandestine d'extrême droite à la fin des années trente.

tuel contrôle de quelques bombes par des mafias ou des groupes illuminés avaient été pris très au sérieux dans les années quatre-vingt-dix. Cette perspective a depuis disparu, comme si le retour de l'imperium russe était grâce à Poutine une garantie absolue.

Nul ne peut certifier qu'il n'y a pas eu dans l'entre-deux-empires, entre Tchernenko et Poutine, des pertes en ligne au profit de telle ou telle de ces organisations créées en marge des Etats et réunissant, dans d'insaisissables « internationales », narcotrafiquants, oligarques en rupture de ban, minorités nationales inclassables, voire anarchistes dostoïevskiens d'un nouveau style. A la différence des mafias traditionnelles avides d'ordre et de secret, ces nouveaux joueurs peuvent croire aux vertus du chantage public et du rapport de force avec les Etats. Qui connaît la logique intellectuelle des seigneurs de la guerre afghans, fournisseurs d'opium pour le monde entier, ou de telle micro-minorité caucasienne manipulée ? Personne ne peut aujourd'hui affirmer que le terrorisme nucléaire est une pure illusion et que la chaîne atomique sera toujours sous le contrôle d'Etats rationnels, fussent-ils dictatoriaux.

L'absence, jusqu'à présent, de véritable terrorisme chimique ne signifie pas non plus que l'hypothèse a disparu. Comment penser, compte tenu de l'accès facile aux produits les plus toxiques, que, formidables caissons pour des déflagrations chimiques, les métros du monde entier seront éternellement à l'abri de tels gestes de folie ?

Encore sont-ce les situations de risques les plus évidentes. Pourquoi les systèmes d'informations ne deviendraient-ils pas, à leur tour, les meilleures cibles ? Imagine-t-on les conséquences d'une intrusion terroriste dans l'informatique du contrôle aérien de Paris, Francfort ou Atlanta ? Encore s'agit-il d'un détour technologique pour provoquer un massacre. Mais des anarchistes d'un nouveau genre peuvent préférer bloquer le fonctionnement des sociétés complexes afin de créer des paniques incontrôlables, plutôt que de viser des populations précises. Qui peut garantir que le fonctionnement des marchés financiers ou la gestion des grandes infrastructures publiques ne sont pas à la merci de blocages autrement plus longs et traumatiques que le black-out électrique, comme New York et l'Italie en ont connu pendant vingt-quatre heures ? La technologie et la complexité multiplient les points de rupture et les fragilités. Ceux-ci n'ont jusqu'à présent fait l'objet d'aucune attaque délibérée. Le terrorisme, 11 septembre 2001 inclus, a jusqu'à présent manqué d'imagination. L'attaque sur les tours du World Trade Center était folle d'audace, mais d'un classicisme absolu. Tuer un maximum de gens en un lieu précis, c'est la stratégie originelle des terroristes depuis Ravachol et les anarchistes russes du XIXe siècle.

Aux mutations technologiques saisissantes répondra un terrorisme lui aussi hypermoderne : nous n'y échapperons pas. Aussi la menace ne se limite-t-elle pas aux fous de l'islamisme, aux obsédés de micro-causes nationales, à des illuminés nouvelle manière du type Action Directe. Ce n'est ni nier l'importance du combat contre Al-Qaïda et ses innombrables filiales, ni sous-estimer les risques basques ou autres, que d'affirmer que cette guerre au terrorisme, si essentielle soit-elle, appartient au monde d'hier. Les cerveaux du terrorisme des années 2030 ne se pisteront pas à coups d'expéditions militaires de type colonial dans les montagnes afghanes. Peut-être la menace islamiste sera-t-elle encore plus forte, mais elle se manifestera différemment au cœur du monde numérique. L'intégrisme le plus arriéré fait bon ménage avec la technologie la plus moderne.

Rien ne permet d'affirmer que les sociétés les plus développées ne sécréteront pas par ailleurs, en leur sein, comme elles l'ont toujours fait, des ennemis irréductibles, susceptibles de les attaquer au cœur des organisations les plus complexes. Plus la victoire du marché est absolue, plus les risques endogènes sont grands. Les conflits de classes avaient l'irremplaçable mérite d'encadrer les stratégies de refus, de les canaliser et de les faire échapper à la tentation de la violence. Dans une société maladivement individualiste, les rejets seront de plus en plus émiettés, incontrôlables, anomiques. Ils demeurent pour l'instant délicatement ouatés ; ils ne le seront pas éternellement. Nous risquons de regretter un jour le charme discret d'Olivier Besancenot et les si rassurantes ritournelles trotskistes.

L'ennemi terroriste est jusqu'à présent extérieur. Il appelle donc une guerre à la fois moderne et traditionnelle : contrôle des individus dangereux, verrouillage des frontières, espionnage interne et externe, écoutes téléphoniques à grande échelle, surveillance d'Internet, filatures, infiltrations d'agents. Ce sont les méthodes les plus classiques de la guerre de l'ombre adaptées au monde du Web.

Lorsque le terrorisme viendra du cœur de nos sociétés, qu'il se nichera au sein des grandes organisations, qu'il visera les systèmes de communication, la partie changera de nature. Ce sont des agressions d'un nouveau style qui nous attendent. De là des interrogations abyssales sur le fonctionnement, le moment venu, de notre système démocratique. Celui-ci a jusqu'à présent résisté. Ce sont paradoxalement les Etats-Unis, terre promise, en théorie, de la liberté individuelle, qui ont accepté le maximum de dérogations aux principes de l'*habeas corpus*. Les autres pays occidentaux ont certes modifié à la marge leur législation mais sans verser dans la tentation liberticide.

L'exemple est donné, de ce point de vue, par Israël qui a réussi le miracle d'être un Etat hyperdémocratique et hypersécuritaire. Les Israéliens acceptent non seulement des contraintes dans la vie courante – contrôles à l'entrée des magasins, surveillance des lieux publics – mais pratiquent aussi l'autosurveillance, chacun épiant ses voisins sans jamais tomber dans la tentation de la délation ou dans la psychose collective. Quant à l'arsenal juridique de répression, il est plus respectueux des droits des suspects que maints dispositifs légaux en vigueur dans certains Etats, pourtant plus paisibles, de l'Union européenne et le contrôle des juges constitutionnels se révèle plus sévère vis-à-vis de Tsahal que la Cour suprême des Etats-Unis ne l'a été à propos de Guantanamo. C'est cette étrange équation – un Etat de droit qui pratique l'autosurveillance, un contexte hautement sécuritaire qui n'empiète pas sur le jeu démocratique – que nous devrons à notre tour faire nôtre.

Ce n'est pas évident : alors que l'Espagne s'est refusée à toute loi d'exception après l'attentat d'Atocha, le gouvernement britannique, en théorie exemplaire en matière d'*habeas corpus*, ne s'est pas privé, après les attaques de juillet 2005, de faire voter une extension, jusqu'à deux mois, de la garde à vue pour les affaires de terrorisme. La tentation d'un pouvoir politique est grande d'envoyer des messages de fermeté à l'opinion publique, au prix de quelques entorses aux droits des individus. Ainsi dans un pays qui a, comme la France, une épouvantable tradition de délation, l'autosurveillance est-elle à haut risque. Combien de règlements de comptes et de guerres picrocholines risquent-ils de se glisser derrière des dénonciations, dès lors qu'elles demeureraient anonymes ? On entend déjà les cris d'orfraie des traditionalistes expliquant qu'exiger la signature des dénonciations ne peut, en matière de terrorisme, qu'exposer les signataires. L'argument ne saurait être recevable. L'autosurveillance oui, mais à visage découvert.

C'est, en fait, une question simple et classique au regard de celles qui vont surgir dans l'univers numérique. Sans même anticiper les difficultés à venir, comment juger au regard des libertés individuelles, le fait que chaque individu est aujourd'hui géographiquement localisable, dès lors que son téléphone mobile est allumé ? Le droit d'aller et venir est-il de la sorte mis en cause ? Le mail individuel relève, à l'évidence, du secret de la correspondance mais celui-ci s'applique-t-il aux communautés virtuelles qui se constituent et se défont sur le Net ? Quelles mesures préventives aura-t-on le droit de prendre, face à des internautes suspectés de devenir des « cyberterroristes » ? L'utilisation, pour ces terroristes d'un nouveau genre, du Web aux fins de provoquer des accidents numériques se juge-t-elle suivant les mêmes critères que l'emploi du même Net pour déboucher sur des actes meurtriers ?

C'est l'Etat de droit qui est condamné à un immense *aggiornamento*. Dès lors qu'un double terrorisme, physique et numérique, va faire corps avec la vie de nos sociétés civiles, les instruments de défense mis à la disposition de ces dernières deviendront décisifs. Quelles nouvelles armes leur fournir ? Dans le respect de quels principes ? Ce débat n'a pas encore eu lieu. Des réponses ponctuelles ont été données à chaud, toujours dans la perspective quasi pavlovienne d'un durcissement des législations les plus traditionnelles. Une réflexion plus exhaustive suppose de reconnaître que le terrorisme est un « horizon indépassable », au même titre que la globalisation, la victoire du marché, l'omnipotence de la technologie, le consumérisme... Aucun pouvoir politique n'est prêt à un tel diagnostic : il va à l'encontre de la vulgate dominante qui veut voir dans le terrorisme une défiance fugitive à l'égard de notre monde.

Pointer du doigt la pérennité du phénomène, et donc sa capacité à surfer sur les vagues technologiques, équivaut à proclamer haut et clair la fragilité dans laquelle nous vivons, les difficultés à nous protéger, les risques d'affolement des populations. De là, pour des responsables politiques convaincus que la douceur de vivre constitue leur meilleure chance de réélection, l'impossibilité de peser lourdement sur le fonctionnement de sociétés condamnées à découvrir toutes les formes de terrorisme, de l'attentat à l'ancienne jusqu'aux premiers pas du cyberterrorisme.

Seul un événement traumatique nous réveillera, tant l'effet du 11 septembre 2001 s'est évanoui. Ce peut être une fausse alerte à Londres, l'apparition d'un cybervirus susceptible de bloquer les réseaux informatiques mondiaux, ou pire le geste d'un psychopathe s'estimant lui-même à l'aune du nombre de ses victimes.

Les démocraties n'anticipent jamais mais elles réagissent. L'opinion interdit en effet les mesures préventives qui bousculeraient la vie quotidienne mais elle accepte les décisions qui suivent un événement traumatique. Rien ne serait mieux, pour nous mettre en alerte, qu'un gigantesque canular, dès lors qu'il aura suscité une panique : un faux chantage nucléaire serait donc de bonne pédagogie.

10.
Le jour où les jeunes mâles blancs se révolteront

Lorsque le fonctionnaire de la Préfecture de Police reçut le 20 mai 2016 la notification du projet de manifestation, il crut à une blague. Un collectif pour « les droits des jeunes mâles blancs » prétendait défiler de la République à la Nation, comme le faisait la classe ouvrière du temps de sa splendeur. A peine connue des Renseignements généraux, l'association ressemblait à un club de jeunes « bobos » en mal d'amusements. Comment refuser à ces farceurs de se réunir place de la République ? Ils occuperaient au plus le trottoir du boulevard Beaumarchais et descendraient vers la Bastille sans perturber la circulation. Inutile de prévoir un lourd service d'ordre : trois estafettes suffiraient avec des policiers en tenue ordinaire, sans même leur attirail de combat – casque, matraque, grenades lacrymogènes. C'était pour le factotum de la « PP » un non-événement, au même titre qu'un défilé d'amateurs de pétanque ou de défenseurs du cirque Bouglione. Sans doute ignorait-il, comme ses collègues des « RG », la puissance du Web. Ceux-ci ne contrôlaient pas la circulation entre les blogs, les sites communautaires et les mails privés. Aussi n'avaient-ils pas mesuré l'incroyable mobilisation qu'avait suscitée l'appel à manifester des « jeunes mâles blancs ».

Quelle ne fut pas la surprise du lieutenant de police chargé de surveiller le défilé, quand il vit la place de la République se remplir de manifestants dont l'allure était en effet celle de mâles jeunes et blancs ! Lorsque vissé à son téléphone il informa sa hiérarchie, ses supérieurs ne le prirent pas au sérieux, se moquant de cette plaisanterie. Il leur fallut se rendre à l'évidence. Lorsque les manifestants atteignirent le millier, le préfet fut alerté d'urgence. A dix mille, ce fut le ministre de l'Intérieur. A quarante mille, le président de la République. A cent mille, l'événement prit une portée nationale. La manifestation se déroula parfaitement. Dépêchées en urgence, quelques compagnies de CRS semblèrent perturber la fête, suscitant de la part des manifestants ricanements et quolibets. Slogans bon enfant, tenues festives : ce n'était pas la révolution en marche mais plutôt un décalque bon chic bon genre de la « Gay Pride ».

Paris avait une fois de plus « donné le *la* ». Londres, Berlin, Madrid, Rome, Bruxelles, Lisbonne furent à leur tour traversés de cortèges aussi nombreux qu'à Paris et qui réunissaient le même public. Des hommes, blancs bien sûr, d'allure petite-bourgeoise, majoritairement diplômés, à la fois rieurs et décidés, ne se laissant aller à aucune forme de misogynie ni de racisme. Sans leader ni porte-parole au départ, le mouvement s'en est naturellement créé, sous la pression des médias en quête de « beaux parleurs ». A l'instar autrefois du porte-parole des camionneurs en grève, venu de nulle part et depuis lors disparu, firent irruption Alexandre, jeune ambitieux politique aux aspirations électorales bloquées dans son parti par la promotion accélérée des femmes et des minorités ; Sacha, jeune immigré d'origine russe désireux de faire carrière dans les médias et se sentant freiné, à tort ou à raison, et tant d'autres propulsés, le temps d'une émission de télévision ou d'une interview, vers une gloire fugitive.

Mais plus difficile que de susciter des leaders fut la quête, par les observateurs, d'hypothétiques revendications. C'est un malaise diffus qui s'exprimait. Ces jeunes se disaient « discriminés », mêlant dans un fourre-tout les dettes dont leurs générations devraient s'acquitter pour le compte des anciens, la prolongation jusqu'à soixante-dix ans de l'âge de la retraite qui bloquait, à leurs yeux, les promotions dans les entreprises, le culte des seniors que pratiquaient désormais les publicitaires. Mais interrogés sur le fait de savoir en quoi une jeune femme beur n'était pas aussi pénalisée qu'eux par ces phénomènes, ils demeuraient cois. Poussés dans leur retranchement d'hommes prétendument brimés, ils avaient l'habileté de ne pas contester le principe de la parité mais affirmaient que les mesures de rattrapage instaurées pour la faire respecter engendraient une génération de victimes, la leur.

C'est le même raisonnement qu'ils appliquaient à l'intégration des minorités, manifestant leur accord avec l'objectif, mais protestant contre les mesures les plus fortes de discrimination positive pour lesquelles eux payaient, à leur avis, un prix trop élevé. S'exprimant avec mesure, évitant de tomber dans un discours réactionnaire, s'attachant à ne faire preuve d'aucune agressivité, ils avaient réussi à installer leurs préoccupations dans le débat public.

Réagissant avec la liberté de ton qu'un président de la République possède au terme d'un deuxième mandat non renouvelable, Nicolas Sarkozy estima qu'il fallait entendre ces récriminations et savoir faire preuve de discernement dans l'application de la discrimination positive. Ayant été, pendant les premières années de sa présidence, un militant farouche de la parité et de la diversité, il s'estimait en droit de marquer les limites à ne pas franchir. C'était, *mutatis mutandis*, le propos qu'avait tenu en 2007, avec l'avantage que lui conférait son appartenance minoritaire, un Barack Obama encore candidat. Se préparant à une troisième candidature présidentielle, Ségolène Royal eut l'intelligence politique d'oublier les discours très « suffragette » qu'elle avait tenus dix ans plus tôt et joua la femme compréhensive pour les préoccupations des hommes qui se sentaient, à tort ou à raison, brimés. Quant aux deux principaux hommes politiques de l'UMP, Xavier Bertrand et Jean-François Copé, qui se préparaient à une primaire sauvage entre eux, ils rivalisèrent de jésuitisme, marquant leur compréhension aux « jeunes mâles blancs », témoignant de leur fidélité aux minorités visibles et martelant leur attachement au principe de la parité. Dans le style inimitable qui était désormais le sien, mêlant les pulsions les plus populistes et les citations en grec ancien, les incohérences conceptuelles et les postures moralisatrices, François Bayrou tint une ligne incompréhensible pour le commun des mortels, mais excitante pour les commentateurs politiques, en quête de joutes verbales.

Six mois plus tard, Alexandre, Sacha et leurs amis avaient disparu de la scène. Le souvenir de la manifestation des « jeunes mâles blancs » ressemblait aux réminiscences d'un « monôme de carabins » bien davantage qu'à un mouvement venu des profondeurs de la société et analogue à ceux qu'Alain Touraine s'évertuait à repérer dans les années quatre-vingt.

Cette historiette semble relever du gag davantage que de la prophétie ou de la métaphore. S'y croisent néanmoins de vraies questions : la divergence croissante d'intérêts entre jeunes et vieux, la nécessité d'une discrimination positive en faveur des femmes, au risque de susciter des effets boomerang comme ce fut le cas aux Etats-Unis, les exigences d'une action déterminée voire coercitive au profit des minorités visibles sans entrer néanmoins dans le cycle communautariste.

Les jeunes auraient toutes les raisons de céder à un complexe de persécution. L'actuelle crise alourdit le fardeau qui pesait déjà sur leurs épaules. La conscience collective prenait acte de la nécessité de plafonner l'endettement public, afin de ne pas surcharger davantage encore les futures générations. Le retour obligatoire au keynésianisme, afin d'éviter une « grande dépression », vient de faire voler en éclats ces sages engagements. Nul ne mesure encore la surcharge imposée par les plans de relance. Le développement de retraites par capitalisation, à côté du système de répartition, avait vocation à alléger la pression future sur les actifs. Voilà une perspective que le krach boursier a effacée pour de nombreuses années ! L'inévitable contrecoup budgétaire, une fois la crise finie, pèsera sur les dépenses d'éducation et d'enseignement supérieur dans des proportions bien plus élevées, car plus durables, que le surcroît d'investissements initié aujourd'hui au titre de la relance. Cet alourdissement ne sera compensé ni par un allégement de leurs charges en matière d'assurance-maladie, ni par des carrières plus faciles dans les entreprises.

Les jeunes n'auront à leur actif que deux atouts, l'un existant, l'autre plausible. Le plus sûr est la disparition à terme du chômage. Nous étions entrés, avant la crise, dans une société où il y avait plein emploi pour ceux qui pouvaient et voulaient travailler. Certes certains pouvaient mais ne voulaient pas et d'autres voulaient mais ne pouvaient pas. Une fois éloignée l'actuelle récession, nous reviendrons à cette situation avant même de retrouver un vrai plein emploi, de connaître des pénuries de main-d'œuvre et donc d'accroître massivement les flux d'immigration.

L'autre chance des jeunes, plus incertaine, est un hypothétique retour de l'inflation. L'inflation n'a qu'un avantage : elle gomme les dettes. Chacun sait que l'effacement des dettes ne s'est réalisé dans l'histoire que par la guerre ou par l'inflation. Si l'incroyable injection d'argent que nous vivons, à la fois par la création monétaire et par le déficit public, respecte les lois de l'économie, nous devrions connaître dans deux ou trois ans une poussée inflationniste qui se nourrira aussi, au moment du redémarrage économique, d'un nouvel envol du prix du pétrole et des matières premières. Indépendamment de ses innombrables inconvénients une telle résurgence de l'inflation aurait un effet positif : alléger la charge financière des jeunes générations et les dispenser en partie de la punition supplémentaire que leur impose à terme le traitement de l'actuelle crise.

S'ils ont raison à propos de l'injustice qui pèse sur la jeunesse, nos jeunes mâles blancs seront-ils légitimes à mettre en cause d'hypothétiques avantages accordés aux femmes et aux minorités ? Ce n'est pas la situation actuelle. Si certaines professions – enseignement, magistrature – sont en voie de complète féminisation, c'est l'effet de leur prolétarisation. Lorsque les hommes se plaindront de n'avoir connu que des enseignants femmes et de n'être jugés que par des magistrates, ils devront se remémorer l'origine du phénomène.

Dans la politique et les entreprises, la domination phallocratique n'a été en revanche que symboliquement écornée. L'effort est allé loin en 2007, lors de la composition du gouvernement, avec une vraie parité. Mais le Parlement demeure une chasse gardée masculine et les collectivités locales sont bien loin d'être dirigées par une moitié de femmes. Quant aux chefs d'entreprise, ils se sont dispensés de suivre l'exemple gouvernemental et d'essayer, à l'instar de Nicolas Sarkozy, de forcer le destin. Ce n'est pas demain que les comités de direction générale du CAC 40 seront composés pour moitié de femmes.

Mais l'inaction des uns et l'hypocrisie des autres créent une situation si insupportable qu'elle provoquera un jour un effet boomerang. Les jeunes emmes qui monopolisent désormais les premiers rangs des grandes écoles ne se laisseront pas éternellement déposséder de leurs droits. A défaut de s'établir en souplesse, la parité s'imposera un jour de force dans toutes les fonctions de commandement de la société française. Ce que les responsables n'auront pas fait spontanément relèvera d'accords conventionnels et si ceux-ci sont inefficaces, le marteau-pilon de la loi se mettra en mouvement. Aujourd'hui injustement rentiers en termes de pouvoirs, les jeunes mâles seront tout aussi injustement victimes. Il leur faudra s'écarter d'autant plus brutalement de certaines positions qu'ils en auront trop longtemps abusé. Nonobstant les débats théoriques, voire constitutionnels sur la discrimination positive, la passivité des élites conduira un jour par réaction à l'instaurer brutalement et nous vivrons alors en accéléré le film des réactions collectives que la société américaine a manifestées sur une période de quarante ans : réticence, acceptation, violente remise en cause.

La situation est évidemment encore plus aiguë pour les minorités visibles. Elles ne bénéficient pas du levier que constitue néanmoins pour les femmes le principe juridiquement accepté, y compris dans la Constitution, de la parité. Ancré dans notre tradition universaliste, le refus du critère ethnique est moralement vertueux. Mais il est pratiquement absurde et oblige à ruser avec la réalité, soit en camouflant la discrimination positive derrière un critère social, soit en recourant à des placebos, tel le curriculum vitae anonyme. Ne nous leurrons pas : les progrès paraîtront, dans quelques années, si insuffisants qu'il faudra faire bouger les piliers du temple constitutionnel, glisser subrepticement le principe de la diversité dans la Constitution et autoriser, au moins pour des périodes de temps limitées, le recours à la discrimination positive. Comme en matière de parité, les « jeunes mâles blancs » subiront brutalement le contrecoup des années où, de conserve avec leurs aînés, ils n'auront pas su faire de place à leurs alter ego issus des minorités visibles. Le rattrapage sera, comme pour l'équilibre hommes-femmes, d'autant plus brutal qu'il aura été tardif, en particulier dans les deux mêmes univers conservateurs que constituent la sphère des élus politiques et les entreprises. S'y ajoute un troisième monde aussi imperméable à la diversité qu'il est en revanche ouvert à la parité : l'administration.

Ce que le consensus, les bonnes intentions, les innombrables chartes, les sempiternels accords sociaux n'auront pas réalisé relèvera alors de la loi et de règles aussi sèches qu'aveugles. La plaisanterie qui a si longtemps couru aux Etats-Unis – l'avenir appartient aux femmes noires paralytiques car elles comptent dans trois quotas – trouvera alors son équivalent en France : la beurette diplômée aura un double avantage sur le garçon blanc, issu de Neuilly ou de Sarreguemines. La société française fera-t-elle facilement siennes de telles distorsions par rapport à l'égalitarisme méritocratique qui constitue son ADN ? Nul ne peut l'affirmer.

Peut-être les adultes et les vieux accepteront-ils, le moment venu, de telles entorses à nos plus anciens principes, puisqu'ils n'en paieront pas eux-mêmes le prix mais ceux qui en seront involontairement victimes seront peut-être moins coopératifs que ne l'ont été, en leur temps, les jeunes Américains.

Nous ne verrons probablement pas cent mille jeunes mâles blancs entre la République et la Nation, mais nous connaîtrons sans doute de leur part des manifestations d'insatisfaction, voire de frustration, qui seront moins sympathiques qu'un défilé rassurant à l'image de ceux qui sont si profondément ancrés dans nos rites collectifs.

TABLE

Introduction 7

1. Le jour où Gazprom lancera une OPA sur Total 9
2. Le jour où la Chine envahira Taïwan 23
3. Le jour où l'Ecosse déclarera son indépendance... 37
4. Le jour où Google rachètera le *New York Times* pour un dollar 49
5. Le jour où l'euro vaudra 2,5 dollars. 63
6. Le jour où Israël attaquera les installations nucléaires iraniennes 75
7. Le jour où la France comptera plus d'habitants que l'Allemagne 87
8. Le jour où les Asiatiques rafleront tous les prix Nobel 99
9. Le jour où le terrorisme menacera de faire exploser une arme nucléaire tactique 111
10. Le jour où les jeunes mâles blancs se révolteront 123

Dans la même collection

Besson (Eric)	*La République numérique*
Fourest (Caroline)	*La Tentation obscurantiste*
Fukuyama (Francis)	*D'où viennent les néo-conservateurs?*
Galbraith (John Kenneth)	*Les Mensonges de l'économie*
Gozlan (Martine)	*Le Désir d'Islam*
Guénaire (Michel)	*Le Génie français*
Gumbel (Peter)	*French Vertigo*
Hirsch (Emmanuel)	*Apprendre à mourir*
Hoang-Ngoc (Liêm)	*Sarkonomics* ■ *Vive l'impôt!*
Le Boucher (Eric)	*Economiquement incorrect*
Lemaître (Frédéric)	*Demain, la faim!*
Lévy (Thierry)	*Nos têtes sont plus dures que les murs des prisons*
Minc (Alain)	*Ce monde qui vient* ■ *Le Crépuscule des petits dieux* ■ *Dix jours qui ébranleront le monde*
Obama (Barack)	*De la race en Amérique*
Olivennes (Denis)	*La gratuité, c'est le vol*
Richard (Michel)	*La République compassionnelle*
Riès (Philippe)	*L'Europe malade de la démocratie*
Sfeir (Antoine)	*Vers l'Orient compliqué*
Spitz (Bernard)	*Le Papy-krach*
Tenzer (Nicolas)	*Quand la France disparaît du monde*
Toranian (Valérie)	*Pour en finir avec la femme*
Tuquoi (Jean-Pierre)	*Paris-Alger*

Cet ouvrage a été imprimé en France par

C P I
Bussière

à Saint-Amand-Montrond (Cher)
en avril 2009
pour le compte des Éditions Grasset,
61, rue des Saints-Pères, 75006 Paris.

Composé par Nord Compo Multimédia
7, rue de Fives, 59650 Villeneuve-d'Ascq

N° d'édition : 15776. — N° d'impression : 091254/1.
Première édition : dépôt légal : février 2009.
Nouveau tirage : dépôt légal : avril 2009.